DX-BASED PRODUCT
DEVELOPMENT TO
REDESIGN MANUFACTURING
MANAGEMENT

製品開発
DX

「製造業」の経営を
リ・デザインする

アーサー・ディ・リトル・ジャパン

古田直也｜濱田研一｜宇野暁紀｜新井本昌宏｜金成美穂

東洋経済新報社

はじめに

　アーサー・ディ・リトル（以下、ADL）は1886年に米国で世界最古の戦略コンサルティングファームとして設立され、新産業の創出、イノベーションの創出の支援を続けてきました。

　一般的に戦略コンサルティングファームは設立された時代背景に色濃く影響を受けた特徴を持ちます。ADLはMIT（マサチューセッツ工科大学）の化学博士であるアーサー・デホン・リトル博士によりMITキャンパス内に世界最初の民間受託研究機関として設立されました。

　そのため、大学での研究や技術に着目し、その民間への転用を通じた新産業の創出、イノベーションの創出が祖業となり、その色合いが比較的強いコンサルティングに取り組んできました。

　現在は、大学での研究や技術の民間への転用から民間企業への直接の支援に軸足を移し、経営戦略の立案・経営の仕組みや制度の構築、研究開発テーマの探索、新規事業構想、M＆A、オペレーションプロセス改善、デジタル化といった幅広いテーマを取り扱い、クライアントの企業価値向上に資するコンサルティングを提供しています。

　近年、そのテーマの1つとして祖業に近い領域となる企業の技術・製品開発に関連するコンサルティングが以前よりも増えてきています。デジタル、カーボンニュートラル、サーキュラーエコノミーといった新たなトレンドへの対応が可能な短長期での競争優位を構築したいという想いがその背景にあります。

　技術・製品開発に関連するコンサルティングと一口に言っても、技術・製品開発テーマの可能性がある領域の策定、テーマの精査・同定プロセスの構築、テーマ創出を促進する仕組み・プロセスの設計・構築など多岐にわたります。「競争優位の構築」というゴールは同じでも、そのゴール達

成に向けて解決すべきイシューは各社により異なります。

　増え続ける技術・製品開発に関連するコンサルティングを提供している中、筆者としてはイシューの解決を通じた企業価値向上の実現に向けて悩ましいと感じる場面も増えてきました。それは、クライアント企業において「技術・製品開発という行為自体が企業間競争で優位に立つためという枠組みに押し込められすぎているのではないか」、「機能・責任権限論の中で技術・製品開発という行為の責任の所在が特定部署に押し付けられすぎているのではないか」という状況に出くわす場面です。

　経済活動は社会活動の枠組みから外れ始め、むしろ並び立つ位置づけに変遷しつつあるようです。しかし、まだまだ企業は社会活動における装置・機関として存在し、その存在意義は社会の中にあると言えます。そのため、社会から必要とされる価値を提供し、その行為を通じて評価され続けることで、初めて企業は社会に存在し続ける意義があると考えています。

　そしてこの企業の存在意義に照らすと、技術・製品開発という行為は、現在そして将来においても企業が社会から必要とされる価値提供を実現するための起点に位置づけられます。なお、ここでの技術・製品開発は、機能としての技術・製品開発という行為に限定しない、企業として世の中に問いかけていきたい価値の同定と実装に向けた一連の行為という広めの概念と捉えています。

　つまり、先の悩ましい場面についての筆者の見解を述べると、技術・製品開発は「企業の存在意義そのものを再発見・再定義し続ける行為」と捉えるべきではないかと考えています。

　もちろん「技術・製品開発という行為自体」は競争戦略論の枠組みの中で優位性の構築に資するものという考えを否定するものではなく、重要だとは考えています。

　また、「技術・製品開発という行為の責任の所在」は、一部署のみが極端にミッションを押し付けられ、KPI（キー・パフォーマンス・インディケーター）を設定し責任を負わされる話ではなく「経営陣が経営のど真ん

中に据えたミッションとして取り組むべきもの」と捉えるべきではないかと考えています。

こちらも組織としての機能・責任権限論の枠組みの中で否定するものではなく、尊重すべきとも考えています。

もちろん企業の置かれている状況においては捉える優先順位が劣後する場合はあります。ただし、企業は世の中に問いかけていきたい価値、すなわち社会で求められているニーズに対して技術・製品開発という行為を通じて応える存在です。

さらに、その行為を利益へ転換する機能の集合体が企業であると捉えると、経営を司る経営陣として、技術・製品開発という行為をど真ん中に据えて取り組むという考えも、おかしくないでしょう。

なお、最近では減ってきたとはいえ、技術・製品開発を担当される方々においても、開発行為自体を目的と捉え、社会的・経済的な概念であることを忘れがちな場面にも出くわします。そのため、経営のみの責とせず企業に所属する全員が改めて自社の存在意義や技術・製品開発の位置づけを再考する意義はあるものと考えています。

翻って、このような考えに照らすと筆者自身にも悩みはあります。コンサルティングの提供を通じ、企業価値向上に資する競争優位構築の支援をする際、技術・製品開発に少しも触れることのないスコープでのプロジェクトにおいて、ビジネスモデルやトランスフォーメーションのみを語っても、それによる競争優位の賞味期限は短いのではないかと、常に葛藤を覚えながら日々を過ごしています。

それはそもそも競争という行為自体が他社との差異化と同質化の繰り返しを内包していると捉えているためです。つまり、ビジネスモデルやトランスフォーメーションを通じて競争優位なポジションを構築したとしても、「技術・製品開発は企業の存在意義そのものを再発見・再定義するもの」という意識が薄いままであると、その企業の提供する価値は、他社による同質化によりすぐに無効化されてしまうからです。特別な資源へのア

クセスやよほど特異なケイパビリティを持たない限り、多くの場合はその企業が持つ価値が必要とされる場所を同定したとしても、絶え間ない技術・製品開発なしでは利益を享受できる期間は短くならざるを得ません。

　本書では、ADLにおいてインダストリー・トランスフォーメーションやトランスフォーメーションを主に手掛けるOperation Strategy & Transformationプラクティスというチームを日本でリードする立場として、自らに対する戒めの意味も込めて、このような問題意識とともに世の中へ問いかけたいこと、そして技術・開発関連の経験を通じた示唆を持ち寄り構成しています。

　本書は、すでに過去より脈々と各社において続けられていた技術・製品開発に係る取り組みを単に再整理するものではありません。技術・製品開発において不可欠となって久しいデジタルの観点を入れて再整理を試みています。そして、問題意識のとおり、単に技術・製品開発の視点で閉じる話ではなく、利益へ転換するメカニズムを意識したトランスフォーメーションの視点も取り入れました。つまり、デジタル・トランスフォーメーション（DX）を意識した技術・製品開発のあり方についてまとめたものが本書となります。

本書の構成

　序章では、なぜ製品開発DX（製品開発におけるデジタル・トランスフォーメーション）が求められるのかについて、製品開発の重要性やそこで使われる開発プロセスの進化について見ていきます。

　第1章では、製品開発の進化のトレンドを俯瞰・解説します。航空宇宙産業で生まれたモデルベース開発の考え方は、自動車や家電などあらゆる産業に波及しています。自動車産業を代表例に、過去と現在のDX導入による開発効率化の流れを説明し、導入経緯を整理した上で、読者の皆様の頭の中に鳥瞰図となる全体像ができることを意識しました。

　第2章では、製品開発ツールと製品開発プロセスの解説をはさんで、

様々な製品開発手法を統合する開発進化の2つの軸を示します。この2つの軸とは、製品アーキテクチャー（モノ視点）の進化と、開発プロセス（プロセス視点）の進化です。この2つの軸に則り開発を進化させていくことで、個別バラバラに見えるMBD（モデルベース設計／開発）、CAE（コンピューター支援開発／解析エンジニアリング）、MD（モジュラー設計）、ウォーターフォール開発、フロントローディング、アジャイル開発が互いに関連を持つことを確認します。

　第3章では、製品アーキテクチャーに注目し、"モノ"視点の進化について深掘りします。製品のメカニズムを理解し、その一部や全部をモジュラー化することで、開発効率が大幅に高まります。

　第4章では、開発プロセスに注目し、"プロセス"視点の進化について詳説します。ここで重要なのは、フロントローディングと呼ぶ、開発初期における課題発見／解決を充実化させ、後工程での手戻りを防ぐことです。フロントローディングの定量的管理、課題発見を抜け漏れなく行うポイント、実際の事例について見ていきます。

　第5章では、開発体制・プロセスの進化としてアジャイル開発に注目し、ITおよび自動車業界における適用例、導入時のポイントについて触れます。アジャイル開発に対するよくある誤解を解き、実態は実データをベースにしたデータドリブン開発であり、本書のテーマでもある、開発そのものを目的としたものではなく、社会に対するビジネス価値の提供のあり方を含めた変革であることを、実例を踏まえて解説します。

　第6章では、製品開発DXの実行を見据えたより実践的な内容を整理しました。第3章から第5章で述べた業務改革をレベルアップするためのデジタル活用の3つの勘所、導入事例を紹介します。

　第7章では、まさに今起きているソフトウエアの付加価値増大への製品開発の対応動向を見ていきます。ソフトウエアの進化と製品開発DXが、製品開発のこれまでの暗黙の前提を崩す中で、変えるべきことと本当に必要なことを峻別するヒントを示しました。

本書が技術・製品開発に関わる方々のみならず、経営陣の方々にとっても明日を考える一助となれば幸いです。

　2024年1月

アーサー・ディ・リトル・ジャパン
パートナー

古田 直也

序章

製品開発DXが
求められる背景

第1章

製品開発の進化のトレンド

第 **2** 章

製品開発DXの
ツールとプロセス

第 3 章

"モノ"視点の進化：モジュラー化

第 **4** 章

"プロセス"視点の進化：
フロントローディング

第 **5** 章

"プロセス"視点のさらなる進化： アジャイル開発

第 **6** 章

情報活用を高度化する

第 **7** 章

ソフトウエア時代の
製品開発DX

序章

製品開発DXが
求められる背景

企業への社会価値実現への要請の高まりや顧客ニーズの多様化の進展に伴い、企業活動における製品開発の重要性は増しています。変化の早い事業環境に対応するため、IT技術を活用した製品開発プロセスの革新、外部と連携した製品開発体制の構築が求められています。

製造業における「製品開発」の重要性

　「創って作って売る」。これは、製造業がその存在意義を満たすための、本質的な組織機能について語られた言葉です。この言葉に目的語をつけ加えると、「製品を創って、製品を作って、製品を売る」という一文になります。この表現に代表されるように、製造業において、その企業活動の中心には製品が位置していることがわかります。事実、あらゆる製造業は、製品を通じて価値を実現し対価を得るビジネスモデルを構築し、彼らのミッションを実現しています。ゆえに、各企業にとっての「製品とは何か?」という問いは、単なる事業としての参入領域や競争戦略上の強みといった事業特性だけでなく、より根源的な企業のビジョンやミッションまでを含んだ概念と言えるでしょう。そのため、製造業にとっての製品は、自身の存在意義を示す重要な要素とも考えることができます。

　製品を基軸とした企業活動においては、「創って」に表現されるように、最上流に位置するのが「製品開発」です。製品開発は、最も狭義の意味では「設計」と捉えることができます。製品の特性を企画し、それを満たすスペックを規定し、どのように実現するかを検討することです。製品を企業活動の基軸であると捉え、その影響範囲を広義に考えた場合には、製品開発で検討すべき内容も広がります。例えば、製品開発の過程では、以下のような問いに答える必要があります。

- 企業のビジョンやミッションに基づいた製品とはどのようなものか
- 事業における自社の競争力を高めることが可能か
- 顧客に対する価値を提供しているか
- より広義の社会価値や環境価値に貢献しているか
- その価値を実現するための社内機能を備えているか
- 製品開発の過程でどのように社内の関係部門との協働を促すか
- 製品開発の過程でどのように社外との協働を促すか

あらゆる企業は、その設立当初からビジョンやミッションを有し、時流に合わせて見直すことはあっても、常にその理念に基づいて企業活動を進めます。製品開発においても同様であり、ビジョンやミッションが示す内容は、製品開発を通じて実現すべき目的となります。それゆえに、製品開発に着手する際には、ビジョンやミッションの理解から始めます。ビジョンやミッションを実現する製品とはどのようなものなのか、備えているべき要素は何か、製品開発を担うメンバーが共通の認識を持つことが重要となります。

　例えば、「To Create Technology That Makes Life Better For Everyone, Everywhere（広く遍くすべての人の生活を豊かにする）」を掲げるHewlett-Packard（HP社）を見てみましょう。彼らが「TouchPad」という製品を開発した際、経営陣は、ローンチ後2カ月で販売中止を決断しました。TouchPadはタブレット型のデバイスであり、ユーザーレビューは好評であったものの、圧倒的な競争優位に立つiPadの牙城を崩せず、販売は芳しいものではありませんでした。当初の狙いであるコンシューマー分野のプラットフォーマーとしてのポジション獲得が難しいことを察知し、この製品では、同社のミッションの「広く遍く」の要素の実現を達成できないと判断されました。社内での検討の結果、HP社は同商品からの撤退を決断しました。
　この事例自体は失敗事例と捉えられることが多いものの、2つの注目すべき要諦が存在します。1つは、自社のビジョンが社内に浸透し、懸念が生じた際に議論できる風土が備わっていることです。もう1つは、それまでに投じた費用を回収することに必要以上に拘泥することなく、ビジョンを起点とした事業撤退の判断を迅速に下したことです。製品開発をより本質的な活動にするためにも、組織風土の醸成と意思決定の仕組みの双方を整えることは重要な取り組みとなります。

　前述のビジョンやミッションが製品開発の最終的な目的を示す一方で、

短期的に達成すべき目標は事業戦略によって規定されます。製品開発への投資は事業発展のためには欠かせません。通常、事業戦略を描く際には、自社がどのようなポジションに位置し、どのような目標を達成すべきか、事業戦略を事前に定めています。製品開発では、上市する製品が当該事業の競争力をどのように高め、事業戦略上の目標達成に寄与するのかを具体的に描く必要があります。本格的な製品開発活動のステップとして、当該事業のビジネスモデルを把握し、市場や顧客の動向、競争環境の変化、自社の現在のポジションと今後の戦略などの事業戦略上の各要素を分析し理解することは重要です。それを踏まえて初めて、競争力の高い製品開発を進めることが可能となります。

　事業戦略としての位置づけが決まると、製品コンセプトの具体化に移ります。製品コンセプトとは、どのような顧客に対し（Who）、どのような価値を（What）、どのような手段（製品仕様）で提供するのか（How）を定義することです。しかしながら、製品開発の現場を見ていると、製品の仕様検討（How）に終始し、届けるべき顧客（Who）や価値（What）の深掘り議論が置き去りにされている場面が散見されます。
　もちろん、製品の仕様検討は製品開発において最も重要な要素であることは間違いありません。顧客がカタログスペックの値と価格のみで購買の意思決定を行う事業特性であれば問題ないと言えます。しかしながら、購買要因としてほかの要素が少しでも存在するのであれば、顧客にとっての価値とは何か、を考える余地があります。それはカタログではわからない使い勝手かもしれませんし、自社の営業員が説明しやすい機能かもしれません。このような検討を行うことこそが、製品開発の本質的なプロセスであると考えます。

製品が社会価値や環境価値を実現する時代

　近年は、目の前の顧客価値を実現するだけでなく、より広義の価値であ

る社会価値や環境価値の実現を求められることも多くなってきています。例えば、コーヒーを販売する会社には、製品で使用されるコーヒー豆が児童労働や労働搾取によって得られた原料でないことを保証する責任があります。ほかにも、バージン原料ではなくリサイクル原料を使用したプラスチックを使用する必要性や、そもそもプラスチック代替素材への転換などを求められることが増えてきています。

　これらは顧客にとっての直接的な価値ではないために、従来、製品開発として検討することは少なかったように思います。しかしながら、企業の果たすべき責任に対する社会的な要請は、日々、強まってきています。社会的な要請に基づく価値創出は、顧客が求める具体的な価値とは相反することも多くあります。例えば、顧客にとって低価格が価値となる製品において、社会的価値を担保した原材料を使用することでコスト高となり、顧客が感じていた価値（＝低価格）を毀損する可能性があります。一般に、社会的責任や環境責任を満たす原材料は、そうでない原材料と比較して高価格であることが多いからです。このように相反する顧客と社会の要請を踏まえ、1つの解を体現する製品を創出する必要があり、製品開発の難易度はますます高まっています。

　開発する製品のコンセプトが定まると、製品の実現性の検討に移ります。実際に製品を開発するに当たり必要な技術はどのようなものか、その技術開発機能を社内で有しているかなどが主な検討内容となります。検討の順序は必ず、「製品コンセプトで定義した顧客への提供価値を所与とし、その価値を実現するための機能獲得方法を検討する」こととなります。自社の強みを社内の特定機能（特定の技術や組織機能）であると認識している場合、製品開発においても「自社の強みを活かさなければならない」という思考に陥り、結果として顧客価値につながらない事例が散見されます。実現すべき顧客価値が先にあり、自社の強みが適合して初めて強みは価値となります。

　もちろん、技術の強みは直接的に顧客価値の創造につながることが多いことは事実ではありますが、常に顧客価値を起点としなければ、徐々に本

質的な価値から逸れ競争力を失うことになります。顧客価値を起点としていれば、その実現に向けて必要な機能が現在の社内に存在しない場合、社内で育てる方法や社外から取り込む方法、そして社外とうまく連携して利用する方法など、その実現オプションにも幅が出てきます。このように、視野を広く持つことが、製品開発における実現性の検討過程では重要となります。

　実現のオプションとして、社内開発とする部分については、具体的にどの部門と連携して進めるべきかを検討します。通常の製品開発であれば、標準設計手順書として、エンジニアリングチェーンのプロセスに沿って関与する部門が定義されています。例えば、研究開発部門で開発した技術を用い、設計部門で図面を描き、解析部門でシミュレーションを行い、実験部門で機能試作の製造や実験を行い、生産技術と連携し量産化への道筋を描く、といった具合です。

　しかしながら、これまで見てきたように、広義の製品開発では検討すべき内容の拡がりに合わせて、巻き込むべき部門も広範に増えていきます。例えば、社会価値を実現するためにはサステナビリティ部門との検討が求められ、また、それを踏まえた調達戦略などが関わるようであれば、戦略的な面での調達部門の巻き込みも必要となります。また、顧客価値を具体化するためには営業やマーケティング部門との協働は欠かせません。ほかにも、コストリーダーシップ戦略を実現するのであれば製造部門でのコストの詰めは必須です。このように、近年の製品開発において、中核として担う製品開発チームに対しては、アジャイルに関連部門を巻き込み全社としての協働を促すための活動が求められます。

　製品開発の推進においては、社内各種の部門を巻き込むだけでなく、社外の適切な組織との協働を進めることも必要となります。新規技術の複雑性が増している昨今では、製品開発に求められる技術や機能を社内だけで賄うことは難しくなってきています。特に、IT技術の進化に見られるように、分野を超えてディスラプションを起こす要素も多く存在しており、社

内にはコアとなる機能に注力し、他の領域は他社との協働によって実現する考え方も普及してきています。製品開発チームでは、コア機能として自社にて保有すべき機能の特定や、将来に向けて必要な機能を定義したうえで社外との適切な協業を通じて、製品開発を進めていく役割が求められます。いわゆるオープンイノベーションを通じて、社外の組織を巻き込みながら製品コンセプトの実現をリードすることも大切な役割となります。

　このように昨今では、「製品開発」は単に製品を開発する狭義の活動ではなく、ビジョンや事業戦略を実現するための方策を幅広く、かつ深く検討する活動に転換してきています。また、その過程においては、これまでの限られた部門との調整だけでなく、社内外の様々な機能との連携をリードするという役割も担う必要があります。これからの製造業において「製品開発」は、企業活動の根幹を担う活動として、ますます重要になると考えられます。

製品開発プロセスはメカ、エレキ、ソフトの三位一体に

　製品開発の重要性の高まりの背景には、社会や顧客ニーズの多様化があります。前述のとおり、製造業の企業が製品開発の過程で考慮すべき領域が、製品単体の機能だけでなく、製品を通じた社会価値や環境価値にまで広がっています。従来のように、製品単体で実現する価値、いわゆるQCD（品質、コスト、納期）だけでは満たされない顧客ニーズが生まれてきています。近年、このような多様なニーズに対応するために、技術の組み合わせを通じて製品をシステム化し、これまでとは異なる水準に製品を高度化していく取り組みが進んでいます。

　製造業（組立製品）における開発は、一般的に、メカ設計（機械設計）、エレキ設計（電気・電子回路設計）、ソフトウエア設計の3つに分類されます。これまでの製造業においては、伝統的にメカ設計が主体となることが多く、メカ設計で機構を確定したのち、エレキ設計にて電動化の開発を進

め、そして最後に組み込みベースのソフト設計に至る形で製品開発を進めることが多い傾向にありました。そのため、目標とする製品仕様のうち、主要なものの多くはメカ設計により規定され、エレキ設計やソフト設計で達成できる仕様は限定的であったと言えます。また、メカ設計に起因する技術開発として、新素材の開発、部品の構造や形状などの物理的な要件に対する開発は内製化され、重点的に取り組まれてきました。

　このように、メカ設計を中心として製品開発スタイルを築き上げてきた一方、顧客ニーズの多様化と高まりや、ソフトウエアの技術の非連続な進化を背景に、製品開発への考え方が徐々に変化してきています。近年では、従来型のメカ設計主導型の製品では、顧客ニーズに応えきれない状況に直面し、製品開発の変革に取り組まざるを得ないと言えるでしょう。このような状況を踏まえ、製品自体の捉え方も変化してきました。より高付加価値の製品を作るために、「メカありきの製品」ではなく、メカ、エレキ、ソフトが組み合わさった「システムとしての製品」という認識が広まりつつあります。

　製品がメカ設計主体の時代には、明確な性能差により製品の優劣が決まっていました。性能が高いほど顧客ニーズを満たす、という考え方です。しかしながら、顧客のニーズが多様化している昨今においては、製品単体の性能だけでなく、製品の使用を通じた体験としてニーズを満たす必要があります。このとき、製品を1つのシステムとして捉え直すことが大切です。

　自動車を例にとると、これまでのメカ設計主体の場合には、パワートレーン、シャシーなどの各ユニットの機構をベースとして、電子・電気回路を載せ、その振る舞いを決める組み込みのソフトウエアをアドオンしてきました。ユニットに果たすべき機能が明確に定義されており、その目標をハードウエアとソフトウエアのセットで達成していく考え方です。このような発想で製品開発を進めた場合、ユニットレベルのハードウエアとソフトウエアを一体として捉える必要があります。

その場合、ユニットとしての完成度は高まる一方、設計として先行するハードウエアの性能によりソフトウエアが制限を受けるため、結果として製品全体としての機能にも制限が生じてしまう欠点があります。大多数のユーザーにとっては、ユニットごとの性能差はさほど重要ではなく、製品全体としての振る舞いが重要となります。そのため、製品開発においては、製品として果たすべき価値を定義し、それを実現する上で最適なハードウエアとソフトウエアを切り離して考えることが大切となります。この考え方を「製品のシステム化」と呼んでいます。

システム化により開発プロセスも変化

　製品のシステム化が進むことで、開発プロセスにも変化が生じてきています。従来、メカ設計を中心とした製品においては、構想設計の段階で顧客要求に基づく製品機能を定義し、各機能において達成すべき性能を設計目標値として定義してきました。ここで設定した設計目標値を達成するために、まずは基本設計において、メカ構造を初期的に図面に落とし込みます。その後、詳細設計に移り、メカ設計の具体化、回路設計、そして組み込みソフトの設計と製品開発が進んでいきます。製造業では歴史的に、このようなメカ設計を基盤とした製品開発プロセスを進めてきており、QCDの質を高める工夫が製品開発のプロセスに織り込まれてきました。

　例えば、より上流の工程で品質を作り込む際の手法であるQFD（品質機能展開）やFMEA（故障モード影響解析）などは、メカ設計重視の製品開発プロセスでは欠かすことのできない考え方として、発展を遂げてきました。このような品質重視の考え方は、特に日本におけるものづくりの根幹となる文化として根付いています。

　システム化された製品においても、依然としてQCDのバランスの重要性は変わらないものの、これに加えて、製品を通じて顧客が感じる価値の重みが増してきています。このとき、製品開発の出発点となる顧客要求を、顧客体験（UX, User Experience）の形でより包括的に捉えることが必要と

なります。顧客はどのような生活の中で製品に触れるのか、そのときにどのような感情を抱いてほしいのかを、認知から購入、使用を経て廃棄に至るまで、広く製品ライフサイクルで考えることが求められます。

- 製品のことを初めて知るタイミングでは、どのような場面で、何を目にし、製品のことを知ったときにどのような感情を持って捉えられたいか
- 初めて製品を目にしたとき、どこに注目してほしいか
- 製品を購入した後、初めて使用する前にどのような場所に置いてあるのか
- 製品を使用する場合、どのような場面で、何を目的として使うのか
- 製品を使用していないとき、製品を思い出すタイミングはどのような場面か
- 製品の使用後、廃棄のタイミングではどのような感情を抱いてほしいのか

　このように広く製品ライフサイクルの各段階での理想的な顧客体験を設計した上で、製品の果たすべき機能を定義するプロセスが、製品システムにおける構想設計となります。従来の製品開発では、製品の使用場面のみを想定し、必要とする機能にブレークダウンしていくプロセスを踏んできました。一方、システム化を前提とした製品開発では、製品のライフサイクルを通じて顧客の近くに存在する姿を想像することが必要となります。もちろん、最も重要な機能は使用中の製品機能であることは変わりません。しかしながら、使用していない場面での製品はどのような存在であるべきかまで含めて検討することで、より価値を持った製品を生み出すことができます。

　製品システムとしての製品開発の歴史は浅く、これまでのメカ設計主体の思想からの脱却には時間を要します。特に、顧客価値を実現する部分には、これまで以上にソフトウエアの役割が重要となります。例えば、顧客

が感じる印象は、その製品のコントロールパネルやスマートフォンに搭載されたコントロールアプリの操作性1つで大きく変わります。メカ性能により実現する顧客体験も、アプリのボタン1つで実現する顧客体験も、製品と顧客のタッチポイントという意味では同じであり、その重要性は変わりません。製品開発を担うエンジニアは、顧客体験に立脚した考え方へのマインドチェンジが必要となります。メカ設計重視の浸透は根が深いため、製品開発の考え方を変えるには、「製品システムとして捉えましょう」と伝えるよりも「ソフトウエア重視で設計しましょう」と極端なメッセージングが有効となる可能性があります。

　例えば、トヨタ自動車は、従来のメカ中心の開発文化からの変革を目指して、2020年に「ソフトウエア・ファースト」の製品開発方針を発表しました。従来の自動車の魅力は、走りや品質、見た目のスタイルなどハードウエアに起因するものでしたが、CASE（コネクティッド、自動運転、シェアリング、電動化）という新しい潮流の中では、安全性能や使い勝手にソフトウエアが果たす役割が重要となります。新しい時代では、ハードウエアのベース機能としての重要性は変わらないものの、それ以上にソフトウエア、またはソフトとハードの連携を通じて実現する製品価値の重要性が増してきています。このような状況の中、ソフトウエア・ファーストという考え方は、従来の製品開発の考え方からの変革を促すメッセージであると私たちは認識しています。

　製品システムとしての設計を進めていく際には、製品開発における基本設計の進め方も従来とは変化することになります。これまでは、メカ設計、エレキ設計、ソフト設計とウォーターフォール的に仕様検討を進めていくことが一般的でした。一方で、製品をシステムとして捉える場合、メカ設計、エレキ設計、ソフト設計を全体構想の下で一斉に進めるコンカレント型の開発を進めていくべきです（図表0-1）。

　ウォーターフォール型の開発では、前工程での検討結果を後工程が受ける、というスタイルのため、ある意味ではエンジニアの責任範囲が明確で

図表 0-1　製品開発プロセスの変化

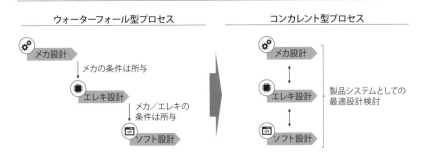

あり、仕事のプロセスに対して責任を持つ開発スタイルであったと言えます。コンカレント型の開発では、メカ設計、エレキ設計、ソフト設計の優劣なく、全体の製品システムとして実現したい機能を目指して並行して開発が進みます。このとき、それぞれのエンジニアが垣根を越えて、顧客価値に立脚した課題認識を行い、解決のための議論をしていくアジャイルな開発手法を取ることが求められます。

　エンジニアは、部品モジュール単位の設計目標達成ではなく、製品システム全体としての設計目標を見据えるよう、目線を引き上げる必要があります。このような製品開発プロセスの変更を経て初めて、ハードとソフトが連携した製品システムの実現が可能となります。

　また、このようなコンカレント型の開発では、従来の**ウォーターフォール型の開発**と比較して開発期間が短くなる傾向にあり、いわゆるフロントローディングを実現するための手段としても有効です（**ウォーターフォール開発**と**フロントローディング**の詳細は第2章を参照）。

マス・カスタマイゼーションを実現する"開発の社会化"

　顧客ニーズの多様化に対応するために、製品のシステム化が進んできたことをこれまで紹介しました。製品のシステム化を通じて対応するニーズの幅を広げつつ、変化の早い環境変化に適応するためには、限られた工数

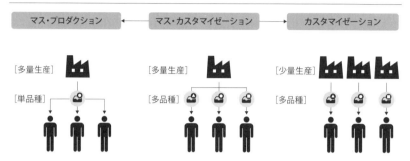

で製品開発を迅速に推進するという矛盾を克服する必要性が生じてきました。その解の1つが、多品種・多量生産やマス・カスタマイゼーションとも言われる考え方です（図表0-2）。従来の製造業では、いかに少品種・多量生産に近づけるかが、基本的な勝ち筋の考え方でした。マス・プロダクションとも言われるように、1つの品種の開発に資源を投入し、規格化された製品を多数量産します。そのコスト効率は群を抜いており、高い品質の安定性と安価な製品を提供することに優れる手法と言えます。

　しかしながら、近年では、マスに該当する基本ニーズは満たされつつあり、より細やかで多様な個別ニーズに対応する必要があります。それを実現する考え方がマス・カスタマイゼーションです。マス・カスタマイゼーションでは、その名のとおり、マス向けの大量生産を前提としつつも個別ニーズに応えるカスタマイゼーションを実現するというある種の矛盾と向き合う考え方です。大量生産で得られるメリットである効率性を活かして安価、かつ品質の高い製品製造を実現するとともに、多様化した顧客のニーズに個別に対応できる多品種開発を同時に実現する手法です。
　もちろん、考え方としては理想的であるものの、相反する特性を持った考え方を両立させる必要があり、実現には、製品開発の過程で多くの変革を必要とします。具体的には、設計思想と製品開発体制の面での変革が必要となります。

マス・カスタマイゼーションにおける設計思想は「プラットフォーム」をベースとした製品設計にあります。多品種に共通した基盤となるプラットフォーム部分と、ニーズの多様化に対応するために柔軟性を持たせる部分を分けて設計することで、大量生産における効率性のメリットを最大限に享受する仕掛けとなります。例えば自動車であれば、その構成要素をいくつかに分け、車種を超えた形での共通開発方針を定めることで、プラットフォームを実現しています。プラットフォーム化を通じて、製品開発の短縮のみならず、大量生産のメリットである製造ラインの共通化や製造コストの低減を図る狙いとなります。

　自動車業界を例にとると、マス・カスタマイゼーションの実現に向けて、各社がプラットフォームの考え方を取り入れた製品開発方針を打ち出しています。トヨタ自動車では、2015年に販売された4代目プリウスより、「TNGA（トヨタ・ニュー・グローバル・アーキテクチャー）」と呼ばれる開発方針を打ち出し、プラットフォームを基盤とした製品開発にシフトをしています。

　TNGAでは、パワートレーンユニット（エンジン、トランスミッション、HEVユニット）とプラットフォーム（車台）を刷新し、一体的に新開発することで、自動車の基本性能（走る、曲がる、止まる）を飛躍的に向上させることを狙いとしています。このパワートレーンユニットとプラットフォームは複数の車種を跨いだ共通化によって全体最適を企図しており、設計、生産技術、製造の各工程での効率最大化を目指しています。このアーキテクチャーを土台として、適用車種を広げることで、地域や顧客の異なるニーズへ対応する製品開発を進めています。

　トヨタ自動車と同様の取り組みは、競合であるフォルクスワーゲングループ（VWグループ）において先行的に取り組まれてきました。VWグループは、2012年、アウディA3に搭載された車台のプラットフォーム「MQB（Modularer Querbaukasten）」を発表しました。以前は車種ごとに個別に開発されていましたが、MQBでは、横置きエンジンのFF（前部エンジン・前輪駆動）車のプラットフォームを共通化するというコンセプトで

した。エンジンの位置を統一化し、車体の長さや横幅を車種に合わせて可変とすることで、幅広い車種でのプラットフォームとしての活用が可能となります。このプラットフォームを通じて、部品共通化、製品開発期間の短縮および多拠点での生産ライン立ち上げ工数の削減を通じたコスト低減効果を獲得しています。

VWグループでのMQBの発表を皮切りに競合各社も相次いでプラットフォーム構想を発表します。翌2013年にはルノー＝日産アライアンスがCMF（Common Module Family）設計思想を発表しました。2014年にボルボは、欧州の乗用車（D／Eセグメント）向けにSPA（Scalable Product Architecture）を発表しています。後にSPAを小型車向けに応用し、CMA（Compact Modular Architecture）を開発しています。2015年には、前述のTNGAがトヨタ自動車により発表され、2016年にはスバルが続いてSGP（Subaru Global Platform）を発表しています。このような各社の取り組みは適用車種の拡大を続け、自動車業界におけるマス・カスタマイゼーションの考え方は、設計思想の革新を起点に普及してきました。早晩、自動車で起きている思想の変化がほかの製造業へ拡大することは想像に難くありません。

"手の内化"から"オープンな開発体制"に

マス・カスタマイゼーションによる変化は、設計プロセスだけでなく、製品開発体制にも影響を与えています。これまでの製造業では、歴史的に自社ですべての開発を担う「自前主義」型での製品開発が主流でした。メカ設計が顧客要求の大部分を満たす時代には、自社内の製品開発力が製品の競争力を決めるKSF（Key Success Factor）であったため、自社で優秀なエンジニアを抱えることが経営戦略上の合理的なオプションでした。しかしながら、顧客ニーズが多様化し製品のシステム化が進むにつれ、必要な技術は加速度的に増加してきています。

このような状況の中、従来の自前主義にこだわっていては、真に競争性

に優れる製品を開発することは困難となります。自前主義から脱却し、オープンな開発体制を取ること、すなわち開発の社会化の進展が、製品開発の進化において重要な意味合いを持つようになってきました。

　自前主義が特に強い産業として知られる自動車業界においても、激しい事業環境の変化に対応するように、脱自前主義による開発の社会化が進展しています。これまで自動車業界においては「系列」と呼ばれる部品メーカーを中心とした産業構造を築いており、自動車メーカーをピラミッドの頂点に置いた形での閉じたエコシステムを形成していました。しかしながら、近年、自動車に求められる環境への対応、それに起因した内燃機関からの切り替え、また自動運転に代表されるソフトウエアの重要性の高まりなどが複合的に重なり、自社および系列の保有する技術だけでは、変化に対応しきれなくなってきました。このような状況の中で、既存の自動車メーカーはもちろん、EV（電気自動車）に機会を見出した新規参入事業者も含めたオープンな製品開発のエコシステム構築が進み始めています。

　その一例が、多様化するニーズに応えるためにトヨタ自動車が打ち出した「ソフトウエア・ファースト」の開発方針です。従来は均一な工業製品としての自動車であったものを、ソフトウエアの強みを活かすことで製品システムとしての多様性を実現するという考え方です。自動車の耐用年数が延びる中、ソフトウエアをOTA（Over The Air）と呼ぶネットワークを介した通信により更新することで最新機能を提供し、顧客要求の変化に追随できるサービスを提供し始めています。

　顧客の個別ニーズに対応するための中核となるソフトウエアは、自動車会社にとっては新しい技術領域であり、外部には先進的なソフトウエアエンジニアが数多く存在するため、自前で開発を進める体制には限界があります。そこで車載ソフトの開発をオープンにして新たなデベロッパーコミュニティの創造を目指したプラットフォーム「Arene（アリーン）」を2025年に実用化する考えを示しています。

　トヨタ自動車における車載ソフトは、従来、自前または限られた事業者

のみが開発に携われる環境でした。Areneでは自前主義の考え方を捨て、API開放することで、様々な車両機能にアクセスできる仕組みを構築しています。Areneの環境で開発したソフトウエアは、検証を経て、実車でのアプリケーションとしてユーザーに展開されることになります。検証段階では、Areneプラットフォーム上での高度なシミュレーションが可能であり、自動車そのものへの安全性を毀損しない形でアジャイルな開発をサポートすることができます。

　Areneの思想は、自動車産業の安全性を根幹そのままに、ソフトウエア産業でのアジャイルな製品開発の考え方をミックスした様相と言えます。目論見どおりに外部からのデベロッパーがAreneのプラットフォームに魅力を感じれば、世界中のデベロッパーが参加するオープンなエコシステムが構築されます。競合各社も同様の取り組みを進めており、VWグループの「vw.OS」などが挙げられます。

　また、このような取り組みは従来の競合だけでなく、ソフトウエア業界など他産業からの参入も促しています。例えば、グーグルは「Android Automotive OS」を発表し、アップルも「iOS」を基盤としたモビリティ開発に着手しており、将来のモビリティでのソフトウエアOSの覇権を争う競争は、より激しさを増しています。いずれにせよ、ソフトウエア設計においてオープンなエコシステムを作ることは、今後の競争戦略においては必須の取り組みになりつつあり、自前主義からの脱却は確実に進んでいます。

　ソフトウエアの重要度の高まりだけでなく、環境志向の高まりに応じたEV化の進展も、開発の社会化を急速に進めるドライバーとなっています。台湾のEMS（Electronics Manufacturing Service、電子機器受託製造）である鴻海精密工業（Foxconn）は、アップルのiPhone製造を受託していることで有名ですが、2020年、EVのオープンプラットフォーム構想「MIH（Mobility in Harmony）」を発表しました。EVの開発において、自動車メーカーの自前プラットフォームの垣根を越えた形でのプラットフォーム構築

を目的としたものです。MIH の発表から半年で1,300社、2023年には2,600社がコンソーシアムへ参画しており、このプラットフォームを用いたEVの商品化も進んでいます。

　EVでは、内燃機関と比較して部品点数が大幅に少なくなり、自動車の構造がシンプルになっていると言われるものの、新規参入で一から製品設計、調達、製造を進めるハードルは依然として高い状況にあります。MIHでは、コンソーシアムに参画する企業との協働により、新規参入企業にとって技術を持たないモジュールやソフトウエアの調達が可能であり、EV事業への参入障壁を大幅に下げることができます。このようなEVにおける新たな製品開発体制の姿は、これまでの系列を起点としたピラミッド型の産業構造から、スマートフォンのような分業化された産業構造への変革を促しています。

IT 技術の発展が製品開発の "不可能" を "可能" に

　これまで、顧客ニーズの多様化に伴う製品開発プロセスや製品開発体制の変革状況について紹介してきました。このような変革の背景には、イネーブラーとしてのITの進化が深く影響を及ぼしています。製品のシステム化、開発の多様化、それに伴うマス・カスタマイゼーションの実現には、加速的に進化を重ねる IT 技術が大きく貢献しています。製品そのものにおけるソフトウエアの高度化はもちろんのこと、製品開発の過程で使用されるツールの進化、加えて、開発の社会化への寄与など、製品開発の進化を語る上では欠かすことはできません。

　前述のとおり、製品のシステム化が進むにつれて、ソフトウエアの重要性が年々、高まっています。特に、従来のメカ設計重視の姿勢を変えるために、自動車メーカーではソフトウエア・ファーストを掲げた変革に取り組んでいます。このような取り組みは、先行するEVメーカーのテスラの影響を受けたものと言われています。

　テスラはいち早くソフトウエアを主役とした自動車づくりに取り組み、

OTAを通じて進化する自動車を作り上げることで、自動車業界を大きく変革してきました。CEOのイーロン・マスク氏は、自社の製品について「洗練された車輪付きのコンピューター」であるとも表現し、従来の自動車の概念とは異なる定義をしています。その言葉のとおり、これまで製品の販売を通じて収益を獲得してきた自動車製造業において、ソフトウエアのアップデートによる収益獲得という新たなビジネスモデルを実現しています。

今後の自動車にとって、自動運転機能（Autonomous Driving）は競争力の確保に欠かせない機能と認識されています。事実、自動車メーカーだけでなくスタートアップ企業も交え、各社は日々、完全自動運転（レベル5）の実現に向けた技術開発を進めています。このような自動運転機能についても、従来の考え方であれば、車種ごとのグレードに応じて機能を搭載し、新車価格にあらかじめ上乗せする形での販売が一般的と言えます。

しかしながら、テスラはソフトウエア主体の考え方を用い、自動運転機能「FSD（Full Self-Driving）」を新車時のオプションとして販売するだけでなく、サブスクリプション（定額課金）の形でも提供しています。この考え方が進むと、優れたソフトウエア機能を持つ企業はソフトウエアの機能で収益を獲得し、ハードウエアは低価格で提供する、というビジネスモデルの変革が起こる可能性もあります。自動車業界は、IT技術の進化とともに、産業としての在り方が変化しつつあると言えます。

IT技術の進化は、事業や製品の変革だけでなく、従来のハードウエアの領域においても、製品開発プロセスや工場での生産現場を進化させています。製品開発のプロセスでは、作図に2D-CAD（コンピューター支援設計／製図）を活用し始めたころから、効率性を向上させるツールとして、IT技術は必要不可欠となっています。近年では3D-CADの普及も進んでおり、試作を用いた実験の代わりとして、コンピューター上でのシミュレーションを行うCAE（コンピューター支援開発／解析エンジニアリング）も活用されています。3Dモデルをベースとして力学特性、流体特性、音響

特性などのシミュレーションが可能であり、実際に試作品を実験にかけることなく、コンピューター上で一定の性能や耐久性の確認ができるようになっています（**CAE**の詳細は第2章を参照）。

　また、試作段階でのモックアップ製作において、3Dプリンターを活用することで、試作製作のコストや時間を大幅に短縮することに成功しています。製品開発の効率性向上に向けて、ITツールの進化は多岐にわたり貢献してきました。

　2023年時点では、構想設計における生成AI（人工知能）の活用も取り組みが進んでいます。特にデザイン領域において、テキストで指定した製品のイメージをデザイン画として出力する機能や、デザイナーのラフスケッチを精密なデザイン画として描画する機能など、構想段階での思考を支援するツールとして効果を発揮しています。ただし、製品デザインには実際の安全性や品質などのベースとなる機能の担保が必須であり、現時点では、デザイン画から設計までAIによって自動で落とし込むことは困難です。今後もAI技術を中心に先進テクノロジーの発展は加速度的に進むため、テクノロジーの活用を通じて、製品開発の期間を大幅に短縮できる可能性は高いと考えます。

　製品開発の設計段階でデジタルデータが揃うことで、後工程である生産工程においてもデジタルデータを活用する動きが進んできています。生産工程の最初の業務となる工程設計は、製品設計情報から製品を作るために最適な素材（原料、部品）と生産資源（設備、作業者）を選択し、製品が完成するまでの一連の加工プロセスを設計する活動です。

　従来、製品の完成形である設計図面を紙や2Dデータで受領し、具体的な工程図に分解していく検討を進めていました。近年、設計段階での3D-CADの普及とともに、工程設計についても3Dデータの活用が進んでいます。一連の加工プロセスでどのように製品ができていくのかを段階に沿って落とし込むだけでなく、その後の生産ラインのレイアウト設計にも3Dモデルでのシミュレーションが用いられています。製造プロセス上で機械

同士の干渉がないか、安全な人の作業スペースが確保できているか、などをデジタル化の上でシミュレーションし、いわゆる工場のデジタルツイン化を通じた検討を可能とします。また、工程設計で検討した施工図としての製品データを工作機械に連携することで、CAM（コンピューター支援生産）を実現する仕組みも活用されています。

　ITツールの進化は、製品開発のプロセスだけでなく、開発体制における社会化（オープンイノベーション）にも貢献しています。製品設計の3D化が進むに伴い、発注元・外注先との3Dデータの授受が普及してきています。製造業の取引では、発注元の最終製品メーカーは各部品メーカーに発注を出し、部品メーカーはさらに細かな部品メーカーに発注を出す構造が一般的です。このとき、最終製品メーカーと取引をする部品メーカーは、詳細部品メーカーの部品3Dモデルを受領し、自社の部品データに取り込み、最終的な発注元である最終製品メーカーに納めることとなります。過去、設計情報のやり取りには紙データや図面データを活用していましたが、3D設計の普及に伴い、ハードウエアの設計をデジタル上で連携して進めることができるようになりました。IT技術の進化が、最終的な製品仕様を実現するために、製品開発の現場での共創を実現しています。
　また、近年では、ソフトウエアの重要性の高まりに応じて、ソフトウエア開発体制を外部と連携するための仕掛けづくりが進んでいます。先に紹介したトヨタ自動車の「Arene」は、オープンなプラットフォームを作ることで外部のデベロッパーコミュニティを作り出すことを目的とした代表的な事例です。
　ほかにも、半導体設計大手のアームが主導し、自動車向けソフトウエア開発を活性化するために、ミドルウエアのフレームワークを定義することを目的としたアライアンス「SOAFEE（Scalable Open Architecture For Embedded Edge）」はプレーヤーを超えた代表的な仕掛けです。現状では、自動車に搭載されるOS（Vehicle OS）が自動車各社によって異なるために、アプリケーションの開発をOSごとに開発する必要があります。この状況

を変えるために、SOAFEEでは、エッジ（自動車）側とクラウド（サーバー）側のそれぞれに構築するミドルウエアのフレームワークを定義することで、メーカーを超えた車種でのアプリの活用を可能としています。非競争領域であるミドルウエアにSOAFEEを用いて共通化し、競争領域となる自動運転、車載システム、コックピットデザインなどは各自動車メーカーや開発ベンダーによって独自に進める、という共創の新たな仕組みが整いつつあります。

　このように、IT技術の発展に伴い、これまで不可能であった製品開発プロセスの工期短縮や品質向上に加え、開発体制における外部との連携を実現してきました。また、AIに代表される新しい技術が登場するたびに製品開発プロセスは進化しており、今後も先進テクノロジーの進化とともにその姿を変えていくため、製品開発プロセスへの積極的な技術導入は欠かすことのできない活動であると考えます。これまで紹介してきたように、製品開発DX（製品開発におけるデジタル・トランスフォーメーション）は技術の導入による業務機能の効率化だけでなく、企業活動全体の変革を企図する活動であると認識することが重要となります。環境変化の激しい現在、企業戦略を描き、実行していくための製品開発DXの重要性は、今後もさらに高まると考えます。

第 1 章

製品開発の進化のトレンド

製品開発にITを導入し、効率化しながら、価値を上げていく製品開発DXでは、製品のアーキテクチャーの変化に伴い、使用するツールやプロセスが、大きく変化してきました。本章では、製品開発がメカから、エレキ、そしてシステムへと進化しているトレンドを解説し、そこにどのような製品開発手法が適用されてきたかを明らかにします。

　これら開発手法の多くは、製造業で言えばもともと大規模開発が求められた航空宇宙産業での活用が始まりと言えますが、日本においては航空宇宙産業に学びつつ、主力産業と言えるまで競争力を高めてきた自動車産業での活用が代表的です。ここでは、産業の裾野が幅広く、家電業界や他の製造業でも参考になる手法、プロセスを数多く取り入れている自動車産業の例を紹介します。

1 航空宇宙産業で生まれたモデルの考え方

　MBD（モデルベース設計／開発）という言葉を多く耳にするようになり、一定の認知度を持つようになりました。このMBDは、もともとは制御ソフトウエアの開発手法として登場し、制御開発の上流工程において、制御モデルと制御対象となる製品モデルを組み合わせたシステムの振る舞いを検証する手法として使われました。現在では、自動車業界を中心に、MBDの考え方を拡張し、メカやエレキ領域における設計開発全体をモデルにより検証するという使い方が広がってきています。この結果、シミュレーションを使った設計開発手法全般をMBDとして呼ぶことが多くなっています（MBDの詳細は第2章を参照）。

　ここではMBDの生まれた経緯をたどってみます。MBDは、航空宇宙産業で始まったMBSE（Model Based Systems Engineering）にその起源を見ることができます。航空宇宙産業でなぜMBSEが必要になったのでしょうか。

　例えば、自転車のように構造が単純で試作・試乗が容易であれば、何はともあれまず試作し、試乗して評価し、課題を抽出し、それをフィードバックして設計を変更するという開発サイクルを回して完成を目指しても、大きな問題にはなりません。

　しかし、航空宇宙分野で開発されるロケットや航空機などは、そのように考えることができません。1つ間違えば、人命に関わる大事故につながるからです。自転車のように気軽に試作して機能評価し、課題を抽出して潰していくような開発はできないわけです。

　また、人工衛星のように大きな開発コストを要する製品では、試作品の延長がそのまま最終製品になるケースが多いと言えます。

　試作が困難になればなるほど、事前の検証で品質を作り込んでおくことのメリットが増大します。こうした背景から、大規模な製品に対する「事前検証型の開発手法」が航空宇宙の分野で発達しました。

それが、MBSEです。INCOSE（The International Council on Systems Engineering）の定義によれば、「開発サイクルの初期段階で顧客のニーズを明確化し、機能要求を定義し、関連する問題をすべて考慮しながら設計のための統合とシステムの統制確認を進める手法」とされています。

　MBSEでは、開発の上流側で要求を明確化し、分解します。それをさらに段階的に分解し、詳細化して記述していきます。この考え方が生まれた当時、まだコンピューターはそれほど発展していませんでした。したがって、シミュレーションを必須と捉えたり、最大限に活用したりするという前提はありませんでした。

　しかし、実際には、製品が実現しなければならない要求を可視化し、それを実現するための機能を記述し、機能を実現するための部品の形状を図面と紐づけて管理することを人手で実現することは大きな労力を要します。コンピューターによる管理を前提に、MBSEの概念と手法は発達していきました。

　航空宇宙産業は、最終形を試作して実験する、ということが極めて困難で、いうなれば最初に作った製品試作＝最終製品になるようなところがあります。そのため、開発の初期段階の作業に膨大な時間と手間をかけ、製品を"試作"する前に完成度を高めます。この手法がかなり発達してきたことと、コンピューターが急速に発展してきたことで、航空宇宙製品と比べれば少し試作・実験が容易な分野にも応用できるようになりました。

　その代表例が自動車産業です。試作の難易度は、航空宇宙産業ほどではありませんが、自動車に求められる機能の多様化と性能の高度化が進み、開発の前段階で周到なシステム設計が必要になってきました。シミュレーションツールやIT基盤の進化が追い風となり、また消費者のトレンドが変化するサイクルが速まり、開発のリードタイムと製品デリバリーの短縮が求められていることが背景となって、航空宇宙産業で発展してきたこの開発手法が求められたのです。

　また、航空宇宙分野で進化を遂げたMBSEのコンセプトとは別文脈で、自動車産業においては、ハードウエア開発に3次元モデルを使ったCAE（コ

ンピューター支援開発／解析エンジニアリング）によるシミュレーション
や、制御ソフトのシミュレーションモデルを用いた開発、いわゆる狭義の
MBDの適用が進んでいました。それらとMBSEのコンセプトが融合し、よ
り広範なMBDの概念を形成したと言えます。

2　自動車の開発進化とDX（2010年くらいまで）

　ここでは、自動車産業を例にとり、2010年ごろまでに行われた開発プロ
セスの進化について解説します。

　自動車産業では、1990年代から2010年代にかけて開発プロセスが急速
に変化しました。最大のポイントは、CAEを使ったシミュレーション技術
の導入によって試作車の多くを不要にしたことです。航空宇宙産業では
「試作がそのまま最終製品になる」と述べましたが、それと似たことが、
自動車業界でも起こり始めたわけです。

　デジタル技術が導入される以前の自動車開発では、開発プロセスの早い
段階で、最初の試作車を製造していました。「先行試作車」や「要素試作
車」などと呼ばれるものです。これらは車両全体の性能評価というより、
新しく開発したエンジンや新機能を持つ部品の性能確認を目的とした試
作車で、新機能や新要素技術のポテンシャル評価のために作られていまし
た。その結果を受けて設計を進めていき、次はより製品としての統合的な
性能を確かめるために、商品として投入する予定の内容をすべて織り込ん
だ「性能試作車」を数多く作ります。この試作車を様々な条件で走らせる
だけでなく、衝突試験を行い、車体の安全性を確かめます。

　試作車を使って性能を確認し、課題を抽出したら、それを踏まえた詳細
設計に入ります。そして、最終製品に近い段階になると、本格的な試作車
を作るわけです。ここで狙い通りの性能が出ているか、問題や課題はない
かを最終確認します。自動車メーカーによりますが、この時点で、プレス

図表1-1　2010年代までの開発プロセスにおける大きな変化

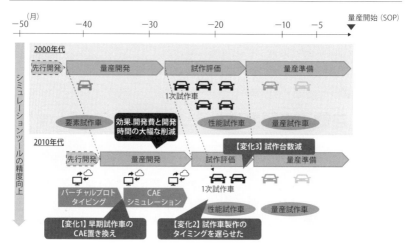

出所：各エキスパートインタビュー・ADLの知見を基にADL作成

などの本型（量産用の型）を製作する会社も多いです。

　それをクリアしたら、今度は生産準備のための試作車を作ります。大量生産したときの品質がクリアされるかを確認するこの「量産試作車」を作って、最終的な製品ができあがるのです。

　このように、かつては1台の自動車を開発するために数百台単位の試作車が必要でした。これには多大な時間とコストがかかります。こうした試作と機能評価を、徐々にCAEによるシミュレーションに置き換え、試作車の数を減らしていきました（図表1-1）。

　最も効果が高かったのは、開発初期に行っていた、特定部品・デバイスの評価のための「先行試作車」や「要素試作車」を廃止できたことです（図表1-1【変化1】）。開発初期のデバイス単位の機能評価試験は単体で行い、車載状態の性能評価は完全にシミュレーションに置き換えているメーカーはすでに多数あります。

　もう1つの重要な動きは、性能評価のためのプロトタイプ・「性能試作

車」を作るタイミングを、後ろにずらしていることです（図表1-1【変化2】）。シミュレーションによって性能をより正確に見極められるようになった結果、設計の完成度を十分に高めた後で試作車を作るようになりました。

すなわち、大きな課題をシミュレーションで事前に潰せるようになったため、試作車による試験では課題が出にくくなったわけです。試作後の課題解決にかかる工数が減り、試作を遅らせても、大きな問題が起きづらくなりました。性能試作車で評価してからの設計修正が少なくなったため、その後の開発期間を短く見積もるようになっています。

その結果、以前は課題の抽出を目的としていた性能試作が、今では性能を確認するための試作へと役割が変化しています。設計のやり直しが減ったので、試作車の台数も減っています（図表1-1【変化3】）。

自動車の部品点数は、およそ3万〜5万点あります。従来は試作車で機能評価し、課題抽出と設計変更を繰り返して完成を目指していました。日系メーカーはこうした擦り合わせ型の開発が得意であり、国際的な競争力を有していました。

しかし、自動車への性能要求が高度化し、新規技術が次々に登場するようになり、こうした開発が必ずしも効率的とは言えなくなってきています。車両のシステム化が進み、ソフトウエアによる制御や付加価値の比重が大きくなるなど、多数の要素を同時並行的に開発しなければならなくなりました。

そこで、人の能力を補うためにデジタル技術を活用した開発プロセスが必要になったのです。開発の初期段階でシミュレーションを適用し、機能を確かめながら設計の完成度を上げ、開発サイクルを短縮化していく必要があります。欧州自動車メーカーを中心に、こうした開発手法が進化していきました。

開発の早い段階であれば、シミュレーションを何度繰り返しても、時間やコストの大きなロスにはなりません。この段階で十分に工数をかけ、不

具合の可能性を綿密に検討しておくことが求められます。

　量産開発のフェーズに入り、特に金型を製作した後で課題が見つかると、大きな手戻りが発生し、多大な時間とコストが奪われます。

　自動車メーカーでは、開発終盤になってから検討漏れによる課題が発覚することを最も恐れ、大きな手戻りを防ぐことを目的にCAEを導入していきました。金型を製作する前に形状シミュレーションを行うことから始まり、MBDとして燃費などの性能達成も事前に高いレベルでシミュレーションによって検討・開発を行うようになりました。結果、試作の回数と台数を削減し、設計手戻り防止による品質向上と開発期間短縮の両立を目指して開発プロセスを進化させてきています。

ドイツのBMW社によるシミュレーション活用

　自動車の開発プロセスやツールの適用例としてはBMW社の事例が知られています。同社は2010年ごろ、派生車の開発において、自動車を壁や構造物にぶつけたときの安全性を確かめる衝突安全性能評価をCAEによるシミュレーションで代替し、途中の試作なしに性能目標を達成しました。

　衝突安全性は、実際に自動車をぶつけてみないとわからないことが多く、その評価は非常に難しいと考えられてきました。ベース車両がある派生車とはいえ、これを完全にシミュレーションで再現したのは、大きな進歩です。もちろん、自動車の型式認証に向けた確認は本型を用いた試作車で評価しましたが、途中の開発段階における機能評価はすべてシミュレーションで行いました。1回の試作で成功させられるレベルまでシミュレーション技術の精度が上がっているということです。

　自動車の開発において、もう1つ特筆すべき大きな変化があります。近年、機能や部品の個別の最適化だけでは解決が難しい複雑な課題に対し、全体最適をにらんだバーチャル開発も可能になりつつあるということです。

　例えば、自動車の燃費性能の向上です。従来はエンジンで○％、トラン

スミッションで○％、タイヤの転がり抵抗で○％など、燃費向上の目標値を各部品に割り振り、それらを足し合わせて全体の燃費を向上させる取り組みが続けられてきました。しかし、その方法で可能になる燃費向上は限界を迎えてしまい、さらなる燃費向上が求められるようになりました。

そこで、例えばエンジンの物理的な燃費性能・熱効率を上げるだけでなく、燃費性能の良い領域を活用してさらに燃費効率を高めるため、変速制御も含めて検討することなどが必要になります。

トランスミッションとしては効率が最適でない変速比であったとしても、エンジンの効率が良いところを使うことで全体効率が上がりますし、その逆もあり得ます。あるいは、「ここのポイントだけ性能を上げれば全体が助かる」といった領域も存在するでしょう。

個別の性能を上げるだけではなく、全体として最適になる点を、制御方法も含めて検討したうえで、どのデバイスがどの領域でどれだけ性能を上げるのが開発工数としても最適になるかも考える必要があります。

こうした検討は、昔であれば部品を組み合わせて試作車を作り、実際にテスト・計測しながら進めていくしかありませんでした。しかし、そのやり方では時間がかかりすぎ、また、計測できないメカニズムなどがあると、どのような対策が最適か判断しきれず、時間切れで妥協しなければならない場面がよくありました。

現在は、試作車を作る前にシミュレーションで検討できます。部品ごとの個別最適化だけでなく、全体最適の検討が可能になっているのです。

自動車産業における４つの開発プロセス

自動車産業を例にとると、開発プロセスは、次の４つに分けられます。
- 「価値検討（Requirement）」
- 「機能設計（Function）」
- 「技術手段開発（Logic）」
- 「形状設計（Product）」

この4つの頭文字を取って「RFLP開発」と呼ばれています。

このうち、RやFは性能・機能設計と呼ばれ、LやPは詳細設計と呼ばれるフェーズになります。先ほど紹介した衝突性能を確かめるようなシミュレーションは、LやPに近い段階で行われます。燃費の話もここに近い話になる場合が多いです。

その上流側のRやFでは、もっとあいまいな性能や機能を具現化するための設計が必要になります。

例えば、顧客要求を具体的な機能や数値に変換し、部品の要求仕様を策定するなどです。ここでは、顧客の要求を満たすには何を提供すればよいのか、価値体験の向上にはどのような機能が必要になるかなど、あいまいな概念を具体的な機能や性能に落とし込む検討が行われます。

そこで、ここでもシミュレーションを使いながら「この機能はこの部品が担う」「この要求に対してはこの性能で応える」という具合に、要求と機能を決定し、それらを紐づけて管理できるようにしています。それが、開発の上流から下流までをつなぐ技術トレーサビリティです。

MBDが、LやPのCAE導入がかねてより行われていた領域に加えて、RやFのような上流領域も含めてトレーサビリティ確保を行う点まで進んできたことは、先に述べたMBSEの思想をMBDが取り込み進化してきた大きな特徴であると言えます。

この技術トレーサビリティを確保しておけば、ある部品の性能が期待どおりのレベルに達していない場合に、どの価値機能に影響するかがわかるようになります。こうしたトレーサビリティのコンセプトは、自動車産業の開発プロセスにおいてはかなり浸透しています。

製品開発は単品設計からモジュラー設計へ

ここまでの話は、ある1台の自動車を開発する場合の話でした。従来は、1台のモデルを新たに設計し、その技術や要素を使って派生車種を作るという開発プロセスが一般的でした。しかし、毎回、モデルに合わせて、使

える分と新規設計する部分を、切り分けて開発するのは効率的ではありません。このため、自動車産業では、車体の一部を共通プラットフォーム（PF）として共用化し、必要な部分だけ新規設計するMD（モジュラー設計）の考え方を取り入れてきました（MDの詳細は第2章を参照）。

　従来型の開発では、ある自動車を作るための開発プロセスがあり、そこに向かって様々な部品やモジュールを開発し、合流させていき、1台の自動車が完成します。まずは1台完成させたうえで、改めてそこから派生する車種の開発に進みます。

　一方、プラットフォーム化においては、「マスタープラン（一括企画）」と呼ばれる大きな計画を中心に、複数の車種を同時に開発するスタイルが一般化しています。経営主導の事業・商品企画と技術開発計画をマッチさせ、多数の車種の開発と技術企画を円滑にスタートさせることが進められています。まず市場の動きや消費者のトレンドをよく見ながら、どのような車種を市場に投入すべきかを考えます。事業・商品企画と技術開発計画を合体させ、車種の開発と販売のグランドデザインを一緒に行うわけです。これがマスタープランです。

　このマスタープランに基づき、まず車種シリーズ全体のシステム構成を検討します。個々の自動車の検討に入る前に、全体のベースとなる共通要素を検討するわけです。これをMBDで推進することで、開発効率が飛躍的に向上します。

　この手法では、全車種を一括で企画し、それに当てはまる共通部品を先に開発します（図表1-2）。これが可能になった背景には、やはりシミュレーションの進化があります。最初に開発した共通部品を全車種に使用した場合に何が起きるか、事前に計算で検証できるようになりました。1台作ってから、それをベースに次の車種を作るという発想ではなく、複数車種で共同利用する部品を先にすべて設計してしまい、それを使って種類の違う複数の車種を同時に開発することが可能になったわけです。

　先に開発する共通部品の中心的なものには、アンダーボディ・プラットフォーム（PF）と呼ばれる自動車の基本骨格になる部分があります。それ

図表1-2　車両一括企画によりプラットフォームの共用化を促進

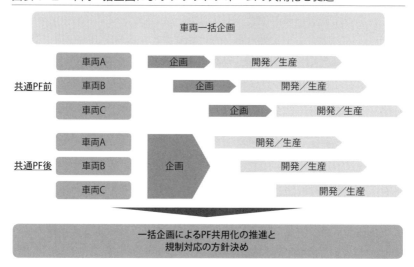

以外にも、パワートレーンや自動運転システムなども共通部品として開発されるようになりました。

　1つの汎用的なアンダーボディを開発し、その上に車種ごとに異なるアッパーボディを搭載します。これがアンダーボディを共通PFとした開発です。

　こうした開発の典型例としてトヨタ自動車のTNGA（Toyota New Global Architecture）などが挙げられるでしょう。

　最初の開発で車体のメイン部分を開発します。親プロジェクトにかかる工数は以前と大きくは変わりませんが、共通PFはこの時点で次の車種のことも考えて作っているため、これに続く子プロジェクト、孫プロジェクトの開発がかなり楽になります。共通PFを導入する前は、親プロジェクトの工数を10とすると、子プロジェクトは8、孫プロジェクトは5という工数がかかっていました。しかし共通PFの導入後は、親プロジェクトの10に対して子プロジェクトは5、孫プロジェクトは2という具合に工数が

下がっています。

　実機検証と同等のクオリティを持つシミュレーションをうまく活用していくことと、それによって可能になった車種の一括企画を効果的に進めることで、開発期間の大幅な短縮と効率化が実現されています。

　こうした開発が進んでいる背景には、市場環境の大きな変化があります。

　自動車の開発は、年々複雑さを増しています。かつては、乗り物としての自動車の性能だけを追求していればよかったのですが、自動車のデジタルサービス化が進み、インテリジェントな機能も求められるようになりました。また、環境や安全に対する要求も拡大しています。

　顧客に提供する価値の分析や、ソフトウエア開発、性能背反影響範囲の拡大など、開発の複雑度が急速に高まっている背景があります。開発コストを下げていくことと、多様化する消費者ニーズへの対応。この2つの相反する課題をクリアできるメーカーだけが、製品を市場に提供し続けることができます。

　消費者ニーズを具現化する上流設計に大きな工数をかけるために、下流設計ではデジタル技術を使って工数を下げる努力が続けられています。

　また、要求、機能、形状の関係性を整理し、トレーサビリティを確保しながら設計を進めていくためのIT基盤が重要になっています。要求から形状へ落とし込んでいく流れをしっかり作ると同時に、逆に形状から要求へさかのぼり、なぜその形状なのか、形状と要求が合っているかどうかをデジタルツールで確認できる仕組みが必要になっているのです。

3 ▶ 自動車のソフトウエア領域の進化（2010年くらいまで）

　自動車開発において、ソフトウエアの比重が高まっていると述べてきま

した。ここで、最新動向よりも少し前、2010年ごろまでの自動車開発における ソフトウエア開発の進化について見ていきます。

　開発の上流側でいかに効果的にシミュレーションを使うかが、開発効率の向上にとって重要なテーマだと述べてきました。試作車ができてから課題に気づくのではなく、試作する前に気づいておくことが大切です。

　そこで、開発の早い段階で、後工程で発生する可能性のある課題を発見し、事前に解決しておくことで、後工程の手戻りを減らす「フロントローディング」が求められます。

　例えば、金属製のハードウエア部品があります。エンジンやシャシー、ボディなどです。これらはいったん図面を出すと、金型の製作に入ります。金型は大変高価なもので、作るのに時間もかかります。ものにもよりますが、最初の金型を作るのに6カ月、修正に3カ月かかることも珍しくありません。設計手戻りの影響は、金型図面を出す前と後とで雲泥の差になってしまうわけです。

　この開発フェーズの進行に伴い影響が大きくなる現象を示した右上に上がっていく曲線を、私たちは「罪深さ曲線」（課題・不具合発覚に伴う手戻りの影響）と呼んでいます。これを見てわかることは、まず「金属ハードウエア」の曲線は樹脂や電装品などよりも早い段階で上がっていくことです。これは、金型を作り出す時期に重なっています（図表1-3）。

　それに対し、ソフトウエアの曲線の立ち上がりは遅いです。ソフトウエアには物理的なものはありませんので、金属ハードウエアや樹脂ハードウエアが金型を作り始めた時期になってから課題の抽出と修正を行っていても特に問題はありません。最終的に半導体チップに焼いて大量に生産してしまった後の変更になると大ごとですが、ソフトウエアの修正はチップに焼き込む寸前まで可能です。

　一方、右側に下がっていく曲線は、「発見コスト曲線」です。これを見ると、開発初期が最も高く、後半に行くにしたがって徐々に下がっています。開発初期の段階では実物が何もありませんから、実験で不具合を見つけることができません。1つの課題や不具合を発見するのも大変で、労力

図表1-3　ハード設計とソフト設計では設計変更コストの発生特性が異なる

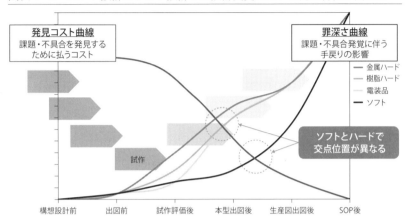

がかかります。逆に製品が市場に出た後は、ユーザーが課題を発見してくれます。ある意味、自動的に課題が発見されるようになるため、メーカー側の労力はゼロに近くなると考えます。

　この「罪深さ曲線」と「発見コスト曲線」の交点を見てみましょう。交点より前の段階では発見コスト曲線の方が高く、後になると罪深さ曲線の方が高くなります。ハードウエアに比べると、ソフトウエアの交点の方が後ろにあります。つまり、ソフトウエアの課題はハードウエアより遅く見つける方が、コスト効果が高いと言えるわけです。

　開発のデジタル化と一口に言っても、対象物によって力の活用方法を変えていく方が有利ということになります。

ソフトウエアの不具合に見られる主な要因

　ソフトウエアの不具合に見られる主な要因を、図表1-4にまとめました。

　要求仕様不足や機能定義不足は、開発の上流工程で発生する不具合です。一方、通信・連携不具合やロジック・乗数不具合のようなものは、プ

図表 1-4　ソフトウエアにおける不具合の主な要因

			単一組み込み制御系　例：エンジン制御	統合制御系　例：車両安全制御など	新機能系　例：AD／ADAS IVI コネクテッドサービスなど
不具合要因	ソフト起因	内製ソフト開発 — 要求仕様不足／UC漏れ	従来からある制御不具合。単体評価充実やプロセス管理（A-SPICEなど）で対応	多くは始動・停止など状態変化時の通信に起因。結合テスト充実が有効	ユースケースのリリース前把握が困難なため発生。継続した改善と提供体制（OTAなど）が必要
		内製ソフト開発 — 機能定義不足			
		内製ソフト開発 — 通信・連携不具合			
		内製ソフト開発 — ロジック・乗数不具合			
		外製ソフト開発 — 要求仕様不足／UC漏れ			
		外製ソフト開発 — 機能定義不足			
		外製ソフト開発 — 通信・連携不具合			
		外製ソフト開発 — ロジック・乗数不具合			
		外部ベンダー提供 — ソフトPF不具合			Androidなど提供PF／サービサーサービスの不具合
		外部ベンダー提供 — 車外サービス不具合			
	ハード起因	ハードUC検討漏れ対応	ハードの初期想定外事象／性能未達。対策期間・費用の観点からソフト変更でリカバー対応する例が多い		
		ハード性能不達対応			

　問題要因として発生

＊ UC：ユースケース、PF：プラットフォーム、A-SPICE：Automotive SPICE、AD：自動運転、ADAS：先進運転支援システム、IVI：車載情報通信システム、OTA：Over The Air

ログラミングに関連する不具合です。また、ハードウエアが原因で起きる不具合もあります。

　ソフトウエアの課題は、顕在化するタイミングがかなり幅広く、内容も異なってきます。要求仕様そのものが不足していたとか、ユースケースの検討が足りなかったことが原因となる課題は、製品が完成するまで見つからないこともしばしばです。これについては、開発の上流工程で漏れなく検討する方策を立てる必要があります。

　通信・連携の不具合は、プログラミング中に起きる不具合です。プログラミングをいったん完成させて動かしてみれば容易に見つかります。この種の課題は、プログラムができてから統合HILS（Hardware-In-the-Loop Simulation）と呼ばれるシミュレーション環境で仮想的に動かして抽出できます。自動車に実装する直前までに見つけて対処すればよいので、そのタイミングを見計らって統合HILSによるシミュレーションを行います。

コーディングエラーを重点的に潰すためには、統合HILSによる検証が重要になります。事前に作るソースコードの品質はもちろん重要ですが、そこに力を入れるよりも、統合HILSによる検証で不具合を探して修正していく方が低コストで早く、効率的です。2010年頃までは、このような方法でソフトウエアの開発を進化させてきました。

ただし、現在のソフトウエアの大規模化・高付加価値化に対しては、この従来のやり方の限界も表れつつあります。そのことは後述します。

モデル化やシミュレーションだけではうまくいかない

自動車産業を例に、開発プロセスの変化を説明してきましたが、こうした仕組みを実現するため、自動車メーカーは様々な苦労を重ねてきました。その結果、重要なポイントとしてわかってきたのは、ただモデル化やシミュレーションを使えばよいという話ではないということです（図表1-5）。

MBDでは、一般に開発プロセスが、V字状に表現されます。V字の左側が設計フェーズで、仕様の決定から構想設計、詳細設計へと、より細かなモデルを作成していく流れです。一方、V字の右側は、評価フェーズで、部品からサブシステム、システム、製品へと性能・機能についてモデルを活用して検証していく流れです。このV字プロセスを完了して、製品開発が終わることを示しています。

このV字プロセスにおいて、試作や実機による機能評価をシミュレーションに置き換えていくためには、モデルをうまく活用する必要があります。これは、デジタルツールを導入するだけでは不十分です。MBDを前提とした開発プロセスの変革も必要になります。

プロセス、モデル、インフラの3つを複合的に進化させていかなければ、MBDによる開発の効率化は実現できません。自動車業界はこの点に早くから気づき、試行錯誤をしながら開発プロセスを進化させてきました。

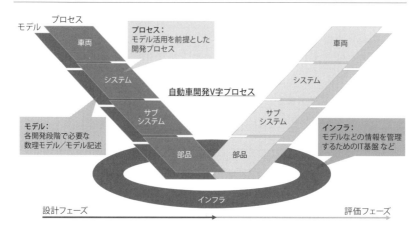

開発プロセスをデジタル化する3つの要諦

開発プロセスをデジタル化するための要諦は3つあります。

- 「プロセス」「モデル」「インフラ」の三位一体による開発プロセス改革
- 既存の擦り合わせ型開発の強み維持とMBDプロセスの改革と両立
- 現場定着に向け、領域別の課題とTo Be（理想）像を丹念に擦り合わせ、導入を支援

　第1に重要なことは、前述してきたように開発のデジタル化（MBDの推進）の全体像を、「『プロセス』『モデル』『インフラ』」の三位一体による開発プロセス改革」と認識することです。

　モデル化とシミュレーションを導入するだけでは、これまで行ってきた試作と実機による機能評価の代替にしかなりません。MBDを「開発の上流工程でより効果的な設計を実現するための開発プロセスの改革」と位置づけ、モデルを最大限に活用できる開発体制を整備することが重要です。それを実現するために、「プロセス」「モデル」「インフラ」を三位一体で考

えていく必要があるわけです。

第2は「既存の擦り合わせ型開発の強み維持とMBDプロセスの改革と両立」です。

従来の開発プロセスでは、試作をしながら擦り合わせを行い、完成を目指してきました。擦り合わせで行ってきた開発をMBDへ変革する際には、"変えるべきこと"と"変えてはいけないこと"をよく見極める必要があります。

既存の開発プロセスには、そこで培ってきた企業ごとの強みというものがあり、それが市場競争力の源泉になってきた経緯があります。そうした強みを失わないように変革していきます。

第3は「現場定着に向け、領域別の課題とTo Be（理想）像を丹念に擦り合わせ、導入を支援」することです。

既存のやり方を変えるわけですから、これまで無かったようなデザインレビューや機能評価などが必要になり、現場の工程が増えることがあります。逆に、これまで続けてきたデザインレビューが不要になる場合もあります。担当者の中には、こうした変化に違和感を持ち、抵抗する人も出てきます。現場のモチベーションを失わせ、新しい開発プロセスの定着に苦労しているメーカーは少なくありません。

例えば、マツダは1990〜2000年代にかけてMBDを全社的に導入しました。「作ってから性能を確認することはもう許さない。シミュレーションですべての性能を開発できるようにするための試作だけを容認する」という強いトップダウンによって推進しました。

現場はかなり混乱したという話も聞きますが、それでも丹念に続けていくことで、現場の担当者もその重要性を理解していきました。現場にしっかりと定着するまでやり切ったことが、成功への大きな布石になったと考えられます。

自動車メーカーは、様々な苦労をしながら2010年頃までにMBDを導入し、定着させていきました。

現場の開発担当者は、MBDを導入して開発プロセスを変革し、仕事のやり方を変えていかなければならないことは理解しています。しかしその一方で、いま目の前で起きている日々の課題に迅速に対応していかなければならないこともまた事実です。

「シミュレーションの導入は本来こうあるべきだ」というTo Be像はありますが、それはいったん脇に置き、まずは現場で起きている喫緊の課題解決にシミュレーションをうまく使い、シミュレーションが便利で効果的なツールであることを皆に認識してもらうことが重要です。

日々の業務にシミュレーションを取り入れ、便利に使いながら徐々にTo Be像に近づけていく工夫が求められます。実際に自動車メーカーを支援してきた中で、そうした工夫が奏功した事例は多いと言えます。

4 ▶ 自動車メーカー A社の導入事例

ここでは、製品開発へのDX導入の効果をイメージできるように、自動車メーカーA社での導入事例を紹介します。ここで述べる事例は実例ではなく、これまでの支援経験に基づいた架空の「ストーリー」です。

A社でも、デジタル開発の推進が叫ばれていました。

開発全体を束ねる統括本部には、トップランナーの他社がシミュレーションの導入などで成果を上げている旨が伝えられ、ベンダーからはツールの有用性アピールが続いていました。各種3次元CAEでの物理試験の代替・試作レス、モデル仕様書による抽象概念のコード化、要求分析・機能設計といった設計上位概念のデジタル化……。

自社を見まわすと、部署ごとにそうした情報を受け、当然のようにデジタル化への取り組みチャレンジがされています。しかし、各部署個別に必要な部位から導入した結果、その対応状況は大きなばらつきを見せていま

した。

　他方、商品開発における開発終盤での設計変更・開発手戻りによる混乱
や品質問題が発生しており、A社開発本部にとって大きな課題となってい
ました。他にも、開発コストの削減や、CASE（コネクテッド、自動運転、
シェアリング、電動化）トレンドに伴う新技術導入に向けたリソース確保
など、当然のように課題は山積していました。

開発の混乱の3つの要因

　A社は、まず現状の開発の混乱の要因分析に着手します。要因は多くあ
りましたが、各開発業務がなぜ設計変更ややり直しが強いられたかを紐解
くと、次の3つに整理できました。

- 要因1・マーケット側からの目標変更／機能追加要求（将来分析・
  ロードマップの甘さ）
- 要因2・CASE関連新機能デバイス追加の影響分析不足による混乱（影
  響分析の甘さ）
- 要因3・高まる環境性能要求に対し従来の個別改善＋擦り合わせでの
  性能見込み違い（個別最適の限界）

　ある性能や部品が目標を満たせない場合、あるいは機能追加で後半で設
計変更をした場合、当然ながら周辺部品やその部品が担っていた性能への
影響が出ないかを検討する必要があります。また多くの場合、さらにそれ
に対応するため玉突きのように設計変更が発生します。この結果、検証の
評価工数も膨らみ続け、仕様変更を検証するための試作機ができ上がる前
に次の仕様変更が出るなどし、混乱を極めるケースが見受けられます。

　ここでA社では、燃費・環境性能目標への対応に向けて、部品・部署ご
とに個別最適設計を行い積み上げる従来の開発から、全体最適の実現を狙
い、そのための手段としてデジタル化の導入・活用を推し進めることとな

りました。参考となったのは、欧州自動車メーカーのシミュレーション活用重点領域の考え方でした。シミュレーション活用について、詳細設計・実験の代替への活用が比較的メインとなる日系メーカーに対し、欧州メーカーは製品レベルでの検討への活用を重視しています。

　「車両性能の見通しを立てる車両システム全体のシミュレーションを重視し、組織的に運営している。細かなシミュレーションは各ユニットの分担。試作車を作ってから複合的な問題が発覚することが最も深刻な事態であり、それを防ぐことがデジタルモデル活用開発にとってインパクトのある、最も重要な意義の1つ」（メルセデス・ベンツ・グループ関係者）といった考えの下、全体最適・車両性能目標の検討に主眼を置いた活用を行っています。

　これを踏まえ、A社は燃費・環境性能のデジタルツールについては、欧州メーカー勢の実績を参考にベンダー選定・ツール導入を進めることで、効率的な導入計画が設定可能となりました。

　こうして欧州勢の実績も参考にし、全体最適の検討を早期に行うことを目標としましたが、これを担当するのが誰で、どの部署がこれを担うべきかが課題となりました。A社ではエンジン、シャシーなど部品コンポーネント別の設計組織体制を持っており、製品課題をフィードバックする評価部署も存在しましたが試作車の実験・評価が前提で、これでは性能全体を早期に検討する責任がグレーになってしまうのです。

　「組織は戦略に従う」と言いますが、「戦略は組織に従う（従ってしまう）」のが実情と私たちは理解しています。特に日本企業においては、所属組織単位で最適化を図る真面目さが、皮肉にも全体最適の障害となる例を何度も見てきました。

　A社は、車種開発を統括する製品軸での横串機能を保有していましたが、それとは別に、性能単位での横串組織を設定。車両全体の環境性能の検討と、それに関わるパワートレーン性能や走行抵抗などの情報統合を一元化しました。横串組織を配置することで、性能に対し責任を持ち、全体最適

に向けた横串の方策を検討し、各設計組織へフィードバックする仕組みを実現したのです。

併せて、デジタルツールの検証結果による車両性能の達成見込みをレビューする、デジタルDR（デザインレビュー）を初期のDRに代わり設置。当初は環境性能のみしかデジタルDRが機能せず、他の性能は従来の机上構想検討しか実施できませんでしたが、それでもデジタルDRとして敢行することで環境性能の初期検討レベルを向上させました。

これらの取り組みの結果、試作車評価後の当該性能起因の設計変更数の大幅削減という成果を上げることに成功しています。

成果につながる3つのポイント

A社が本件で開発へのデジタル導入をうまく実現し、成果を上げられたポイントは3つに整理できます。

- 実際の課題の解決：実際の困りごとの解決にフォーカスした
- ステップ戦略：一足飛びに理想を目指さず、特定領域のDXにまず注力した
- プロセス・組織の改革：目的に合わせてプロセスと組織も変更した

1つ目の実際の課題の解決では、開発終盤での設計変更多発による混乱の解決を目標に掲げ、その混乱の主要因の1つを改善することに役立つ技術の導入に集中しました。ここをクリアにすることで、デジタル化の優先度も、組織やプロセスの体制についても、変革判断・優先度の基軸が明確にすることができました。

また、変革に対し、現場も何とかしたいとの思いから、不安はありつつも抵抗感は大きく減じることができていました。

実際の困りごと解決、今回はDXによって燃費・環境性能全体を見通す能力の強化にフォーカスしたため、燃費・環境性能以外の他性能のフルデジタル検討や、試作の大幅削減などにはつながっていません。実は、上記

事例の時点では開発費削減という観点からはそれほど成果が上がっていないのです。

しかし、2つ目のポイントであるステップ戦略をとることによって、一足飛びにデジタル化を実現しようとする際に陥りがちなパターンにはまらなかった点は白眉です。

一部で個別に詳細なシミュレーション検討やデジタル活用を行っている状況から、一足飛びに全車両性能のデジタル化や試作全廃などを目指した場合、おそらく実開発への適用は極めて困難であったと推測されます。特にクルマ1台、製品全体のフルデジタル検討が実現できない状況でも、従来手法との混合を許容した「デジタルDR」を設定した点は、とにかく前へ進め製品を作らなければならない実開発との折衷点としてうまく機能したと言えます。

3つ目のプロセス・組織の改革では、A社は環境性能全体を見通す能力の強化を目的に掲げ、検討できるシミュレーションにとどまらず、それを活用する開発プロセス上のタイミングや、組織変更も実施しました。単なるシミュレーションや情報管理システムの導入で終わり、例えばエンジン開発部署のみが使うツールにとどまったら、おそらく十分に機能することはなかったでしょう。

裏を返せば、「開発プロセス・組織戦略の問題として捉えず、現状の課題解決への貢献を軽視し、高いデジタル化の要求を掲げる」といった進め方では失敗の可能性が高いと言えます。「現状の実力や困りごとを踏まえず、管理部門が独自に"DXで開発費削減、試作ゼロ必達"を掲げる!」のでは、失敗する可能性が高いのです。

製品開発業務にDXを導入するなら、何の問題の解決のために、何から始めるとよいのか。製品開発へのDX導入を検討されている方にとってのヒントがここにあるのではないでしょうか。

5 ▶ 製品開発の今後〜ソフトウエア・ファーストの時代

　ここまでで、自動車産業を例に、2010年ごろまでの開発プロセスの進化について解説してきました。こうした背景を前提に、今後の製品開発の進化の方向性について、考えたいと思います。

　自動車産業では、近年求められる新たな機能として先進安全・自動運転やコネクテッドなどが加わりました。また、家電を中心とした電機産業でも、クラウドのデータサービスと結びついたハード・ソフトの両方で価値を出す製品が多数登場しており、製品の高度化と複雑化が、急速に進んでいます。

　このため、大規模化するソフトウエア開発にどのように対応するかが1つ目の課題となります。

　ソフトウエアの拡大について自動車の例で見てみましょう。制御デバイスが増加するにつれ、ソフトウエアの量は加速度的に増えており、2005年から2015年の10年間で、自動車のソースコードのサイズは約150倍になり、ソフトウエアの開発工数は約60倍に達しています。

　製品の複雑化に伴い、自動車メーカーの開発部署の数も増加しています。ある中堅自動車メーカーの事例では、1980年には8部署だった開発部署が2015年には60部署を超えています。部署間のやり取りが増えているだけでなく、開発の海外現地化も進み、距離の壁が生じています。

　これまでは自動車の車載制御用のソフトウエアを中心に搭載が増えてきましたが、今後は製品単体だけでなく、社会インフラとのデータ連携も始まります。自動車でも、コネクテッド技術により、ソフトウエアを随時アップデートするOTA（Over The Air）や、高精度の地図や位置情報を基に自車位置を推定するなど、制御対象が大幅に拡大していくことが見込まれ、ソフトウエアの開発対象も広く深くなっていきます。

外部と通信するようになれば、通信した先でクラウドから情報を引き出すなども発生します。地図情報も複雑かつ高精度化し、容易に自車の情報にアクセスできなくするためのセキュリティ対策も重要になっていきます。

　2つ目の課題は、ソフトウエアに対する要求を発売前に確定することが難しくなっていることです。例えば、コネクテッドカーがその一例です。
　ユーザーに様々な情報を提供したり、様々な機能のコントロールを可能にしたりする機能が自動車に搭載されるようになります。これをうまく活用するには、バックエンドで外部サーバーとやり取りするような仕組みが必要です。さらにその先には、各種アプリケーションやサービスの活用が待っているわけです。
　こうしたシステムを自動車に搭載する場合、解決が難しい複数の課題が生じてきます。例えば、自動車の開発は長ければ4〜5年、短くても2年はかかります。2020年代から、コネクテッドカーで続々と登場しつつある、エンタテインメント、テレマティクス、シェアリングサービス、といった各種サービスの仕様を何年も前の開発の開始時点ですべて決定することは不可能です。
　さらに、クルマの構造の変化、開発のデジタル化とコンカレント型の開発が進んでいます。ソフトウエアの増大に加え、ソフトウエアの要求を決める時間軸がハードウエアと合わなくなっている現実があります。

　こうした事態を踏まえ、開発プロセスを変える必要があります。ソフトウエアをハードウエアの開発後に作ることは、もはや絶望的です。「ソフトファースト開発」や「ハード・ソフト分離開発」、「ソフトウエア・デファインド・ビークル（SDV）」など、呼び方は様々ですが、要するに開発対象の捉え方を再定義するような新しい開発の仕組みが求められています。従来型のハードウエアの開発を軸とする開発プロセスから、ハード・ソフト分離開発への変化が起こるのです（図表1-6）。
　自動車の場合、従来はボディやエンジン、トランスミッションなど、主

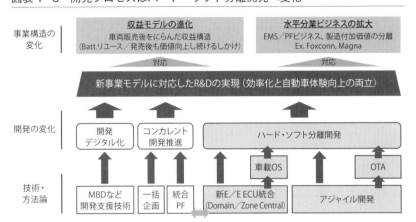

図表1-6　開発プロセスはハード・ソフト分離開発へ変化

＊E／E：電機／電子アーキテクチャー、ECU：電子制御ユニット、Domain／Zone Central：ドメイン集中型／ゾーン集中型

　要なハードウエアの開発プロセスを中心に据え、それにタイミングを合わせてソフトウエアを開発していくスタイルが一般的でした。しかし、ソフトウエア開発のボリュームが大きくなってきたことで、ハードウエアに合わせて開発することが難しくなりました。

　2010年代までは、複数の車種に共通するハードウエアのプラットフォームを一括で開発し、開発工数を減らすような変革が進んできたことは先に述べました。その後、ソフトウエア開発の重要性が高まってきたことで、ソフトウエア基盤に合わせてハードウエアを変えるようなことも起こり始めています。

　そうした動きが進み、一部に2週間から1カ月という短い単位で「要求定義、開発、テスト、リリース」のサイクルを繰り返し、開発の完成度を高めていく**アジャイル開発**という開発プロセスを使いながら、自動車を販売した後もOTAによってソフトウエアをバージョンアップしていくような変革が進んでいます（**アジャイル開発**の詳細は、第5章参照）。

　例えば、テスラはユーザーに自動車を販売した後も、顧客ニーズに応える形でソフトウエアのバージョンアップを定期的に行っています。その例

の1つが「スマートサモン機能」です。ショッピングモールから荷物を持って駐車場へ出てきたユーザーが、スマートフォンを操作すると、遠方に止めていた自動車が自動運転で自分の前まで来てくれます。ここで、注目すべきは、自動車が市場に出荷された後に、この機能はOTAによるソフトウェアのアップデートで実現できるようになったことです。

ほかに、「Dog Mode（ドッグモード）」というものがあります。ペットを車内で待たせたい場合に、ペットが快適に過ごせるように空調を自動調節する機能です。これについては、ユニークなエピソードがあります。あるユーザーがX（旧Twitter）でこのドッグモード機能について不満を述べると、CEOのイーロン・マスク氏がX上で反応、後日すぐに更新版が配信されたのです。

自動車が市場に出た後にユーザーからの要望に応える形で追加され、改善されるような仕組みにより、新しい機能が市場に出てからも、小さな不具合を修正したり、機能を改善するようなアップデートが継続的に行われるわけです。これは、今までの自動車のイメージを変え、製品を保有している間に機能や付加価値が向上するという新しい製品サービスを実現していることになります。

このように、自動車の出荷後に機能を追加するようなプロセスへのニーズも高まっています。これが「ソフトファースト開発」や「ソフトウェア・デファインド・ビークル（SDV)」、「ハード・ソフト分離開発」などと呼ばれている新しい開発プロセスが求められる理由です。

これらのプロセスについては、「第7章　ソフトウェア時代の製品開発DX」でも解説します。

第 **2** 章

製品開発DXの
ツールとプロセス

第2章から第5章では企業全体を変革する製品開発DXの全体像の中で、実際の製品開発における仕事の進め方や変革（トランスフォーメーション）について説明します。第2章ではその全体像を説明しますが、その前に前提となる知識として製品開発手法について紹介します。

　製品開発DXで使う製品開発手法としては、第1章で紹介したようなMBD（モデルベース設計／開発）、CAE（コンピューター支援開発／解析エンジニアリング）、MD（モジュラー設計）、フロントローディングなど、様々な手法があります。トランスフォーメーションの際は、適宜それらを組み合わせ、効果的に使う必要があります。複数の開発手法を俯瞰して製品開発の進化を捉えるための2つの軸を紹介し、それぞれの軸について述べた後、事例を紹介します。

　なお、第3章から第5章では第2章で説明したトランスフォーメーションの詳細を解説し、第6章でそれまでに説明したトランスフォーメーションを進めるためのデジタル活用のポイントを説明します。

1 ▶ 製品開発の3つの開発ツール

ここでは、製品開発DXで知っておくべき、MBD（モデルベース設計／開発）、CAE（コンピューター支援開発／解析エンジニアリング）、MD（モジュラー設計）という3つの開発ツールと、ウォーターフォール開発、フロントローディング、アジャイル開発という3つの開発プロセスについて解説します。

MBD（モデルベース設計／開発）

MBDは「モデル・ベースト・デザイン」あるいは「モデル・ベースト・デベロップメント」を略した言葉で、どちらもモデルをベースとした開発設計のことを指しています。

物ごとを抽象化したものを、一般的にモデルと呼んでいます。

例えば、相対性理論では「質量とエネルギーが等価である」という事象を「$E = mc^2$」（E：エネルギー、m：質量、c：光速）という数式で表現します。これがいわゆる「現象のモデル化」であり、この数式を1つのモデルと考えます。

では、モデルをベースに製品を設計するとは、どういった開発手法になるのでしょうか。

それは、対象となる現象を前述したように数式でモデル化し、そのモデルを利用して精度の高い設計や評価をしていくことを指します。この定義を示したものが、図表2-1です。

MBDの詳細な定義はユーザーによって異なりますが、一般的には「モデルを活用して、製品レベルの向上や開発の効率化を図る開発手法の全般」を意味します。狭義の意味では制御領域のみを数理モデル化する「Level 1」と呼ばれる定義があります。また、開発全般に対して数理モデルを適

図表 2-1　MBD（モデルベース設計／開発）の定義

"MBD" は、「モデルを活用して製品レベル向上／開発効率化を図る開発手法全般」を示し、ユーザーによって「どこまでを MBD と呼ぶか」が異なる

		領域	モデル定義	提唱者
狭義	Level1	制御領域のみ	数理モデルのみ	JMAAB 他
	Level2	開発全般	数理モデルのみ	経済産業省 IT ベンダー 他
広義	Level3	開発全般 （システム設計含む） MBSE と近似の概念	数理モデル＋ モデル記述 （抽象的な図／絵）	INCOSE マツダ 他

＊ JMAAB：Japan MBD Automotive Advisory Board

用する「Level 2」と呼ばれる手法を指す場合もあります。さらにモデル化の範囲を広げ、数理モデルだけではなく、システム設計全体をモデルで考えていく「Level 3」と呼ばれる手法もあります。

　MBDのスコープ、すなわち適応範囲を図表2-2に示しました。縦軸がシステムの階層、横軸が時間を表しています。縦軸を上へ行けば行くほど全体像になり、下へ行くほど詳細になります。設計は一般的に、上から下へと進んでいきます。

　設計の初期段階で検討すべきことは、製品の全体像としてどのような価値を実現するかを決めることです。そうした大きな要求事項をまず定義し、その要求を満たすためにはどのような機能が必要になるかという具合に、全体像から詳細へと検討を深めていきます。

　例えば、腕時計という製品を考えてみましょう。まず、腕時計に求められる要求を定義します。例えば、「時を正確に知りたい」「自分を素敵に見せたい」「それらを実現する際に重いものは持ちたくない」などです。

　次に、要求を実現するためには、どのような機能が必要かを考えます。「時を正確に刻む」「時刻を明瞭に見せる」「美しいデザインにする」「手首に装着できるサイズに収める」「四六時中腕に着けていても気にならない重さにする」などです。

　続いて、機能を実現するために、どのような論理で実現するかを考えま

図表 2-2　MBD（モデルベース設計／開発）のスコープ

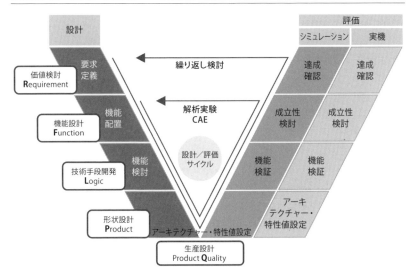

す。技術の実現手段といった方がわかりやすいかもしれません。例えば、時を刻むことを実現する手段には、機械式、電波式、クオーツ式などがあります。今回の製品にとってベストな手段は何でしょうか。ここで何を選択するかによって、その先に続く詳細設計の方向性や内容が大きく変わってきます。

　例えば電波式に決めたとしましょう。そうしたら、次は電波式を実際のモノで実現するための物理的な設計に入ります。先の論理設計では記号などを用いて抽象化された回路図の設計、ここでの物理設計は寸法を持つ具体的な部品を用いての設計をイメージするとわかりやすいでしょう。

　このようにして、個々の部品を詳細設計し、製品設計が完成します。製品設計を終えたら、それを生産するための生産設計に至ります。設計は、このように製品の全体像の検討から始まり、徐々に詳細設計へと進めていくわけです。

　設計の最上流に位置する要求から、それを実現するための機能、そのた

めの論理、そのための部品という形で、設計が進むに従い、図表2-2のV
字形状を上から下の方へ降りていきます。同時に時間が経過しますから、
横軸で見ると右側へと進んでいきます。つまり、結果として設計作業は右
斜め下の方向に移動していくわけです。

　設計をひととおり終えると、次は評価のフェーズに入ります。評価は設
計とは逆の順番で進みます。まず個々の部品の評価から始まり、組み合わ
せたときに狙いどおりの機能を実現できているかどうかの評価へ進みま
す。個々の機能がうまく連携し合い、製品が全体として狙い通りに成立し
ているかどうか。そして、最初に定義した要求をきちんと満たしているか
どうかといった具合に、詳細から全体像へと進んでいきます。こちらも、
やはり時間が経過するため、評価の作業は斜め上に向かって進んでいくこ
とになります。

　以上をまとめると、設計は「価値検討（Requirement）」「機能設計
（Function）」「技術手段開発（Logic）」「形状設計（Product）」、つまり「RFLP」
という形で進み、評価はその逆に進んでいくわけです。

　ここで重要なことは、MBDを使って数理モデルを設計と評価を含むプ
ロセス全体に対して適用するという点です。図表2-2の右側を見ると、評
価ルートは「シミュレーション」と「実機」という具合に、2つのルート
を平行して進んでいきます。

　まだシミュレーションがなかった時代は、実機を試作して実験をするし
か機能を評価する方法がありませんでした。しかし、現在は対象となる機
能を前に述べたような形でモデル化し、CAEによるシミュレーションで機
能評価できるようになっています。実機を作らずに評価し、うまくいって
いない場合には、該当する設計プロセスに戻って調整、改善できます。

　かつては、実機で検証してうまくいかなかったら設計を修正し、また実
機を作って再評価するという具合に、大きな手戻りが何度も発生していま
した。今は現実を反映するしっかりとしたモデルさえあれば、コンピュー
ターによる計算で何度でも評価、検証し、設計に戻って改善、最適化でき

ます。従来よりはるかに効率的な開発が可能になっているわけです。

CAE（コンピューター支援開発／解析エンジニアリング）

　CAEとは、工業製品の設計・開発工程において、コンピューターを利用して、科学的な知識や技術による課題解決を行うことを指します。このCAEは、前述したMBDと非常に親和性が高い手法です（図表2-3）。

　どれほど複雑な製品も、メカニズムを解明すれば単純な機能に落とし込むことができます。単純な機能に分解していけば、各機能を数式によってモデル化することが可能になります。

　しかし、そうしたモデルを機能の検証に用いる際には、機能を表現する数式に対して様々な変数やデータを入力し、処理する必要があります。変数とは、例えば製品を使用する条件や環境に応じて変化するパラメーターのことです。様々な状況を表す多数のデータを当てはめて計算するには、膨大な計算量が必要になります。これは手計算では難しく、コンピューターを使用するわけです。

　こうした理由から、MBDの実現にはCAEが不可欠な要素になります。CAEをうまく活用することで、設計結果の評価と検証のスピードを加速できると同時に、適応範囲を広げていくことができます。

　CAEには業種や用途ごとに多数のソフトウエアが登場していますが、大きな区分として重要なものには、「1D-CAE（1次元CAE）」と「3D-CAE（3次元CAE）」があります。

　1D-CAEは、主に設計の上流過程において使われます。小さな機能を組み合わせて大きな機能を実現する前に、個々の機能ベースでモデル化し、狙い通りの機能が実現できているかどうかを評価、解析するための手法です。まず、期待されている要求を実現できているかどうかを確認し、次にパラメーターを様々に変えながら、応力や伝熱、振動、放熱、耐熱などの状況や、材料が破断したり不具合が起きる可能性がないかなどについて調べます。

図表2-3　CAE（コンピューター支援開発／解析エンジニアリング）の定義

CAEとは、工業製品の設計・開発工程においてその作業を支援するコンピューターシステム、あるいは、そのツールなどを指す

1D-CAE	・設計工程上流において、形を作る前に、機能ベースで対象とする製品を表現（＝モデル化）し、評価解析を可能とする 【検討対象】応力／伝熱／放熱／耐熱などの基本スペック
3D-CAE	・構造や動作をモデル化の上、解析／シミュレーションを可能とする ・設計工程下流の構造設計／配置設計にフィードバックを実施し、精度を高める 【検討対象】構造／強度トポロジー、熱伝達他

　一方、3D-CAEは3D（3次元）モデルを使用し、よりリアルかつ詳細なシミュレーションを行う手法です。1D-CAEに比べると、設計のより下流にあたる詳細設計で使われることが多いです。構造設計や配置設計を3D-CAEで評価、検証し、設計にフィードバックして製品の完成度を高めていきます。

　主な検証対象としては、構造や強度のトポロジー、熱伝達の状況などがあります。製品の使用時に想定される特殊な状況がある場合には、それをパラメーターで再現し、そうした状況でもうまく機能するかどうかを検証したりもします。

　市販の3D-CAE製品を買ってきてそのままの状態で使用し、パラメーターを入力して結果を評価しているエンジニアは少なくありません。しかし、計算の中で使われている3Dモデルや数式がどのような原理で、どのような結果を出しているのかがわかっていないために、本来の使用条件に合わないシミュレーション結果を得ていることも多いのです。それらを信じて設計し、最終的な製品化に失敗しているケースが少なからずあります。3Dモデルがどのように構成され、本来求めている機能検証に対して、適切な演算方法が使われているのか、設計者自身がよく確認し、より実態

に即したカスタマイズを施してから使用することをお勧めします。

　また、設計内容や性能決定のメカニズムを理解していなければ、現実を反映する正確なモデル化は不可能です。CAEをうまく使いこなすには、まず製品や技術を深く理解していることが前提になります。ツールに振り回されることなく、逆にツールの性能を引き出していくという姿勢が、あらゆる開発者に求められています。

　1D-CAEは設計プロセスの上流側、3D-CAEは下流側で使います。1D-CAEで済む検証に3D-CAEを使うと、その準備や計算に余計な時間と労力をかけてしまうことにもなりかねません。両者を適材適所で使い分けることが、実効性の高いMBDを実現するための重要なファクターになります。

MD（モジュラー設計）

　製品開発力を強化するために避けて通れない重要な概念が、製品アーキテクチャーに関連するMD（Modular Design、モジュラー設計）です（図表2-4）。

　製品とその機能は、多くの部品によって実現されています。各部品に相互依存性がある場合、すなわち1つの部品を変更するとほかの部品にも影響が出る関係にある場合、図表2-4の左側にある「①完全擦り合わせ型」の状態にあると言います。部品と部品の相互関係や、各部品が性能に与える影響のメカニズムが、まだ解明されていない状況です。

　完全擦り合わせ型で性能や機能を評価する場合は、1つひとつの部品に切り分けて考えることができませんので、関係するすべての部品を組み合わせた状態で総合的に評価するしかありません。また、不具合や機能不全が生じた場合も、どれか1つの部品を変更するとほかの部品に影響して新たな問題を誘発する可能性があり、全体としてどのような変化が起きるのか予測がしづらくなります。このため、その製品を熟知する熟練技術者の勘と経験に頼りながら、経験則による微調整を繰り返して完成を目指すこ

図表2-4　擦り合わせ型とモジュラー型の違い

モジュラー化進行度		
擦り合わせ型		モジュラー型
①完全擦り合わせ型	②一部モジュラー型	③完全モジュラー型

性能の算出式イメージ
○○性能=f（製品）

性能の算出式イメージ
○○性能=f（モジュール）
　　　　+f（モジュール）+…

性能の算出式イメージ
○○性能=f（部品）
　　　　+f（部品）+…

●：部品　……：相互影響が未解明　——：相互影響が解明済　○：モジュール

とになります。

　それに対して、図表2-4の一番右側にある「③完全モジュラー型」とは、各機能と部品の関係が1対1で独立している状態を表します。ある部品を変更すれば、該当する機能を調整でき、ほかの部品にはほとんど影響が出ない状態です。

　卑近な例では、例えばデスクトップパソコン（PC）がこの状態に近いです。PCを構成している中央演算処理装置（CPU）、メモリー、ハードディスク、マウス、キーボードなどは、それぞれ独立した機能を1対1で担っており、どれか1つを変更したり入れ替えたりしても、他の機能への影響は極めて小さいと言えます。1つの部品が1つの機能を担当しているため、部品ごとに切り分けて開発し、その機能や性能も部品ごとに評価できます。

　また、1つひとつの部品を最適化し、機能評価すれば、それらを組み合わせた全体の機能や性能もある程度正確に予測できます。全体を組み合わせた状態で改めて念入りに評価する必要もなくなるわけです。

　しかし、自動車や航空機、産業機械などのような複雑な製品の多くは、完全モジュラー型にはなっていません。例えば、自動車です。「自動車の乗り心地を変えたい」という場合、シートやサスペンション、ボディ、タ

イヤなど、多数の部品が複雑に関わってきます。どれか1つの部品を変えると、他に影響が及ぶことは明らかです。

そこで、乗り心地に関わると思われるあらゆる部品を含めたシステム全体を1つのパッケージとして考え、乗り心地を評価し、調整、最適化していく必要があります。これが、前述した完全擦り合わせ型の状態というわけです。

ここで重要になるのは、すべての部品を完全モジュラー型にできなくても、いくつかの部品をまとまりとして見ていくと、全体から独立して扱えるモジュールに分解できる場合があることです。こうした部品のまとまりごとにモジュラー化した状態が、図の真ん中に示した「②一部モジュラー型」です。

このように、完全擦り合わせ型の混沌とした状態から、部品のまとまりごとに切り分け、一部をモジュラー型にできるだけでも、開発効率は飛躍的に向上します。

一部モジュラー型では、各モジュールの内部は複数の部品で構成され、擦り合わせ型であり、切り離せない関係にあります。一方、それらをまとめたモジュールと、そのモジュールが実現する機能は1対1のモジュラー型の関係にあります。つまり、モジュールごとに独立して扱うことができるわけです。また、各モジュール間の関係性は解明されており、明確なルールでつなぐことができる状態にあります。

すべてを完全モジュラー型にしなければいけないというわけではありません。切り離せない部品があっても、それらをまとめてモジュラー化し、独立させることは可能です。それぞれのモジュールの中身は擦り合わせ型になっている状態ですが、部品のまとまりをモジュールとして切り分け、同時並行的に開発を進めることができます。これにより、開発は一気に効率化します。

別な見方をすると、PCの例のようにすべての機能と部品の関係が明確になってしまうと、その製品は誰にでも作れるコモディティ的な存在に

なってしまいます。メーカー側から見れば、競争力を発揮しにくく、あまり望ましい製品構造とは言えなくなるという側面もあります。

　どこまでをブラックボックス化し、どこまでをホワイトボックス化するか。企業によっては、開発を効率化するためにモジュラー化すべき部分と、競争力を保つためにわざとブラックボックス化するところを戦略的に使い分けているケースもあります。

　重要なことは、完全擦り合わせ型と完全モジュラー型だけでなく、一部モジュラー型というタイプもあることを理解することです。競争力を保ちながら、同時に効率化を図っていく道があることを知っていただくためです。

2 ▶ 製品開発の3つの開発プロセス

ウォーターフォール開発

　次に開発プロセスについて見ていきます。一般的に知られているのが、ウォーターフォール開発と呼ばれる開発プロセスです。ウォーターフォール開発とは、開発を複数の工程に分割し、上流から下流に向かって順序立てて進めていく開発手法で、現在でも開発プロセスの主流を占めています（図表2-5）。

　このプロセスでは、最初に要求定義を行い、次に機能配置を行います。機能配置が終わったら、機能検討に入ります。このように、1つの工程が終わったら次の工程に入るという形で進めます。これを可視化すると、滝の水が流れていくように見えるので、ウォーターフォールと表現されているわけです。

　大きなメリットは、論理的に仕事を進めていけることがあります。要求定義が決まらなければ、機能配置には入れません。機能配置がなければ、

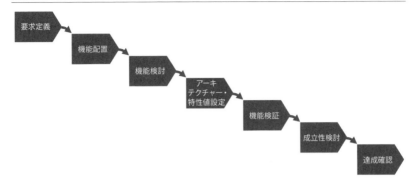

機能の検討はできないはずです。このように、先に決めるべきことを決め、それに基づいて次のことを決める。こういうスタイルなので、無理なく効率的に仕事を進めることができます。

　だからこそ、本来であれば最も効率的な開発の進め方になるはずです。しかし、実はウォーターフォール型のデメリットもあるのです。

　実際の開発では、いったん要求定義をしても、開発が進むにつれて顧客の要求が変わってしまう場合があります。また、ある程度製品を作ってみてからでないと決められない機能や要件も出てきます。

　そうした中で最初の要求定義を行うため、企画段階ではうまくいくと思って定義した内容でも、そのとおりに開発を進めた結果、実際に試作品を作ってみるとうまくいかない場合がよくあります。開発に携わったことのある方なら、一度や二度は苦い経験をされているのではないでしょうか。

　以上のような意味で、ウォーターフォール開発は論理的には正しい開発手法なのですが、開発効率の面から見ると、必ずしもベストな方法とは言えません。ただし、開発手法の基本ですから、これはこれでしっかりと理解しておく必要があります。

フロントローディング

　本来なら、製品企画の段階で決めておくべきことをすべて決めてから、具体的な機能を実現するための設計に進むのが理想的です。しかし、ウォーターフォール開発の説明で触れたように、実際の開発では、後工程になってから顧客の要求が変わったり、予期せぬ変更や不具合が生じたりするものです。初期段階で検討しきれなかった課題があると、設計試作や量産試作の段階で思いもよらない問題が発生することもあります。

　問題や課題への対応は、後工程になればなるほど大変になり、コストも時間もかかってきます。製品がほとんど完成した段階になって新たな課題が発生すれば、かなり前の工程に戻って設計を変更し、試作やシミュレーションをすべてやり直さなければならない場合もあります。

　また、1カ所の設計を変更すると、他の部品や機能に影響を与える場合も多く、関連する多数の設計をまとめて検討し直さなければならない場合も多々あります。これにより、開発が大きく遅れたり、頓挫したりするわけです。

　そこで、開発の早い段階でなるべく幅広く深く検討し、のちに予想される課題を可能な限り潰しておくことで、後工程でのトラブルを未然に防ぐ「フロントローディング」と呼ばれる手法が注目されるようになりました。

　従来型の開発では、設計試作や量産試作などの後工程で試行錯誤し、課題を発見し、設計を見直すというサイクルを繰り返しながら完成を目指していました。これに非常に多くの工数がかかっていたわけです。

　現在ではこれを脱却し、前工程でCAEを使った多数のシミュレーションをするなどして後工程で問題として発現する可能性のある課題を事前に発見、解決しておくことで、後工程での手戻りを減らしています。これが、フロントローディングです（図表2-6）。

　前工程により多くの工数をかけることで、全体の開発期間とコストを低減します。具体的には、製品企画の段階で企画や設計の担当者だけでなく、後工程にあたる製造や品質保証、サービス部門の関係者を巻き込んで

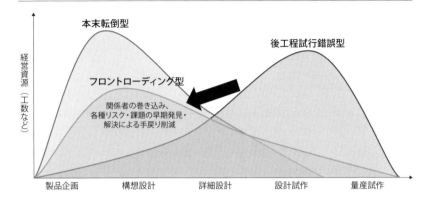

図表 2-6　課題を早期に発見し、後工程での手戻りを減らすフロントローディング

検討します。開発プロセス全体に関わるあらゆる専門家を製品企画のテーブルに集めることで、単に機能や性能だけでなく、製造しやすく品質問題を起こしにくい製品を企画することが可能になります。

　例えば、製造工程のことを考えて組み立てやすい部品配置にしておくとか、アフターサービスのことを考えて特定の部品を容易に交換可能にしておく、などです。これにより、製品のライフサイクル全体にわたって不具合の少ない、低コストかつ高品質な製品を生み出すことができます。課題への対処を設計段階で作り込んでおけば、後工程での手戻りは減ります。

　ただし、フロントローディングはやればやるほどよいというものではありません。

　一部の企業では、フロントローディングを真面目にやりすぎ、「本末転倒型」になってしまう場合もあります。それが図表2-6に示した、前工程に工数がかかりすぎているグラフです。

　後工程のことを心配しすぎ、不必要なことまで検討してしまったり、後工程で見つければ簡単に済むような問題までを、すべて前工程で決め切ろうとしたりしてしまいます。そうなると、かえって余計なコストと時間を発生させることになりかねません。

　私たちの過去の経験においても、前述したような企業が数社ありまし

図表 2-7　フロントローディングで投入すべき経営資源

		個別PJにおける効果	PJ横断の取り組みによる効果
早期投入する経営資源	工数（ヒト） （例） ・製品／生産技術開発知見者 ・調達／製造／販売知見者	象限① （例） 知見者による段取り八分	象限② （例） プロジェクトリーダーの 次プロジェクトへの早期 アサイン
	ナレッジ（情報） （例） ・設計標準 ・3Dモデル＋技術情報 ・ビジネス情報（調達先、コストなど） ・顧客情報（属性、ニーズなど）	象限③ （例） ナレッジ活用による 試行錯誤の削減	象限④ （例） プロジェクト推進の「型」 づくりによるQCD向上
	モジュール（モノ）	象限⑤ （例） モジュール化による 試行錯誤の削減	象限⑥ （例） 既存モジュールの利用による 設計・検証の省略

た。フロントローディングの目的は、あくまで後工程での大きな手戻りを
防ぐことです。最適なタイミングで、最適な検討を行う。その感覚を大事
にしながら、コストや時間をかけすぎないようにして、効果を最大化して
いきたいものです。

　また、フロントローディングは1つの製品だけを対象とするものではな
く、複数の機種群に対してまとめて適用することも可能です。フロント
ローディングの基本的なコンセプトは、開発の前段階に工数を投入すると
いうことだからです。
　図表2-7に、フロントローディングで投入すべき経営資源をまとめまし
た。フロントローディングに投入できる経営資源は、工数（ヒト）だけで
なく、ナレッジ（情報）やモジュール（モノ）もあります。
　工数（ヒト）に関しては、製品／生産技術の開発知見者を入れます。
　例えば、今回の製品では熱と電磁波、構造強度の3つの観点から最適な

設計を目指したいとします。強度と熱に詳しい人はいるが、電磁波に詳しい人がいない場合に、電磁波に詳しい人を外部から呼んでくるようなイメージです。

　また、量産準備になって初めて生産技術者が来るということではなく、なるべく早い段階で参加してもらい、「ここは作りにくくなるから気をつけた方がいい」といった製造面でのアドバイスをもらっておけば、後工程のトラブルを回避できます。

　技術系の人材だけでなく、調達、製造、販売などの業務の知見者も、開発の早い段階で参加してもらうことで、低コストで調達しやすい部材を選択したり、アフターサービスで発生しやすい不具合の原因を設計段階で潰しておいたりすることができます。加えて、必要になる部品の調達先を今から探し始めてもらうなど、後工程の準備を早期に始めることで、見積もり精度の向上や低コスト化などの効果が期待できます。

　さらに、これを1つの製品だけでなく、複数製品を含めたプロジェクト全体で横断的に展開すると、リソース配分の柔軟性をプロジェクト全体で向上させたり、最適化が可能になったりします。つまり、組立容易性設計（Design For Assembly）、環境配慮設計（Design For Environment）、製造性考慮設計（Design For Manufacture）など、後工程の負荷を減らす様々な配慮設計（DFX）が可能になるわけです。

　フロントローディングに活用できるのは、人だけではありません。ナレッジ（情報）やモジュール（モノ）を設計の標準として投入することも重要です。

　過去の3Dモデルや社内で使っている標準の3Dモデル、他製品で使っている部品やモジュールなどを早期に投入すれば、すべてをゼロから設計するより早く確実に開発が進みます。これを、自動車業界では「固定変動」と呼んでいます。従来の部品や設計をなるべく流用し、変更部分を少なくすることで、設計や評価の工数を削減することが推奨されているわけです。

また、技術系の話ばかりではなく、ビジネス面でのメリットも享受できます。

　例えば、「最近こういう良い調達先がある」とか「安い調達先との取引を始めた」とかいった購買部門からの情報や、「新たに付き合いだした電力業界のお客様は、こういう部分に厳しい」といった営業部門からの顧客情報なども、開発の初期段階に投入しておくと手戻りの削減につながります。

　図表2-7の象限①の部分のみをフロントローディングだと考えている人もいますが、これは狭義のフロントローディングです。フロントローディングは、工数やナレッジ、モジュールを早期に活用し、1つの製品だけでなく多数の製品で横断的に取り組むことが可能です。図表2-7の太線で囲った部分が、広義のフロントローディングと考えられます。視野を広げ、最大限に活用することで開発効率を高めることができます。

アジャイル開発

　ウォーターフォール開発の対義語として使われるのが、「アジャイル開発」です。

　アジャイル開発は、2週間から1カ月という短い単位で「要求定義、開発、テスト、リリース」のサイクルを繰り返し、開発の完成度を高めていく新しい開発手法です。「アジャイル（Agile）」という言葉には、「機敏な」「俊敏な」という意味があります。

　この手法には、優先度の高い重要な開発から着手でき、仕様の間違いや要求の検討漏れに早い段階で気づけるなどの利点があります。開発要件の変化に対応しやすく、大規模な開発にも強い開発手法です。

　主にソフトウエアやWeb系サービスの分野で発達してきた開発手法ですが、自動車産業を中心に、製造業にも導入され始めています。

　市場環境や消費者ニーズの変化が早まり、最初に考えていた開発要件が、開発している間に陳腐化してしまったり、消費者ニーズと合わなく

図表 2-8　ウォーターフォール開発とアジャイル開発

	ウォーターフォール開発	アジャイル開発
特徴	・明確かつ連続的なプロセス ・ドキュメントで明文化した官僚型チーム体制 ・非常に長いフィードバックループ（年単位）	・反復的かつ協調的なアプローチ ・変更を前提とした自律的なチーム体制 ・短いフィードバックループ （数週間～月単位）
得失	・開発開始時点で何が必要か定義が必要 　→変化に弱い ・全体構想を初期に定義しきる必要 　→規模に限界	・ニーズが発見された時点で対応可能 　→変化に強い ・各所で自律的に判断 　→大規模化可能

なったりする現象が起きているからです。また、自動車に求められる価値が変わり、ソフトウエアの比重が高まったり、開発の規模が大きくなっているといった理由もあります。アジャイル開発を取り入れることで、変化に強い開発体制の構築を目指すメーカーが増えています。

　アジャイル開発は、ウォーターフォール開発の難点を克服するために誕生しました。そこで、まずはウォーターフォール開発の課題を明らかにし、なぜアジャイル開発が求められるようになったのか、その背景から解説していきたいと思います（図表2-8）。

　一般的に広く行われてきたウォーターフォール開発は、非常にわかりやすく連続的な開発プロセスです。開発の最初の段階で、実現すべき製品やサービスに対する要求事項を定義します。これをドキュメント化し、開発の最後まで維持します。

　次に、要求事項を分解し、これを実現するために必要な機能や性能を明らかにしていきます。大きな機能を小さな機能に分解し、開発対象を具体化します。要件定義、概念設計、基本設計、詳細設計という具合に、開発の上流から下流に向けて無理なく順番に開発を進めていけるのが、ウォーターフォール開発の利点です。

　開発プロセスが明確で連続的であり、開発の各工程が進むごとに詳しくドキュメント化していきます。後で何かトラブルが起き、原因を究明したい場合にも、トレーサビリティが確保されます。

開発の組織は、開発対象ごとの縦割り型です。組織の上層部が常に全体の動きを把握できるように、上意下達型の組織体制、いわゆる官僚型と呼ばれる体制の下で開発が進んでいきます。

　ある工程で目的のモノが完成してから、初めて次の工程に進みます。各チームの開発がある程度完成したところで、全体を組み立て、機能を評価して課題を抽出します。そこで多数の課題を発見し、それを前工程の設計にフィードバックして解決していくため、フィードバックのループが長くなる特徴があります。このループを短くするため、実機テストをシミュレーションに切り換えるような対策も取られていますが、1つのフィードバックループに年単位の時間がかかることもあります。

　ウォーターフォール開発の最大の特徴であり、また最大の難点にもなっていることは、開発を開始する時点で要求事項をすべて定義しておかなければならないことです。

　最初にすべての開発要件を把握しておかなければ、その後の機能分解に漏れが生じ、期待された製品を開発できません。また、要件を最初に決めたら、最後までそれを貫き通すことが基本となります。このため、開発が始まった後の変化に弱いという特徴があります。要件定義が後で変わったり、想定外の新たな要件が加わったりすると、対応が難しくなります。

　しかし、自動車などの開発には何年もかかるのが普通です。ウォーターフォール開発のように、最初に決めた要件を変えずに開発する手法では、開発に何年もかけているうちに市場や消費者のニーズが変化し、製品の魅力が失われてしまいます。

　また、エンジンやシャシーなどのハードウエアはまだよいですが、ソフトウエアの進歩は非常に早く、何年も前に機能を確定させて開発する手法では、でき上がった頃には時代遅れになってしまうわけです。

　近年の自動車は、機能の最適制御や自動運転など、ソフトウエアの比重が増えています。ハードウエアとソフトウエアの開発で時間感覚に大きなズレが生じてきており、ウォーターフォール開発で歩調を合わせ、一緒に

作っていくことが難しくなっています。

　また、開発の規模が大きくなればなるほど、最初にすべての要件を決めておくことが難しくなるため、ウォーターフォール開発は企業の実情に合わなくなりつつあります。

　特にソフトウエアのように、異なる目的を担う多数の小さな機能を並列的に組み合わせるような製品で、しかもプロジェクトの規模が大きくなると、ウォーターフォール開発では対応が難しいケースが発生します。

　こうしたウォーターフォール開発の欠点を克服するため、新たな開発手法としてアジャイル開発が注目されるようになりました。アジャイル開発には、ウォーターフォール開発にはない3つの大きな特長があります。

　1つ目の特長は「反復的かつ協調的なアプローチ」です。アジャイル開発では、2週間から1カ月という短い期間で開発を進めます。2週間で小さな開発を一度完成させ、次の2週間でまた次の開発を完成させるという具合に、短い反復を繰り返して開発を進めます。ウォーターフォール開発のように、最初にすべての要件を定義することはせず、要件定義と開発の小さなサイクルを回しながら、全体の完成度を上げていくわけです。

　2つ目の特長は「変更を前提とした自律的なチーム体制」です。開発に対する要求が刻々と変化する現代の市場ニーズを勘案し、対応方法を都度見直しながら、アプローチを変えて開発を進めていきます。意思決定のスピードを速めるために、開発チームを少人数で組みます。各チームが上層部に報告したり判断を仰ぐことはなく、現場のメンバーが自律的に判断して開発できる体制を基本としています。

　3つ目の特長は「短いフィードバックループ（数週間～月単位）」です。前述したように、要件定義、開発、機能評価の短いループを高速で回しながら完成を目指します。2週間や1カ月ごとに開発要件を定義しているわけですから、新しい開発ニーズが来てもすぐに対応できます。まさに変化に強い開発体制です。

　加えて、各開発チームが自律的に判断して開発を進められる仕組みで

す。このため、誰かが全体を仕切る必要がなく、開発チームの数を増やせ
ば増やすほど大規模な開発が可能になります。

　アジャイル開発では、一部のメンバーが全体像を設計し、全員がその決
定に従って動くということはしません。ニーズに合わせて開発チームを増
減させ、開発体制を大きくしたり小さくしたり、自在に変化させていくこ
とができます。裏を返せば「統制が効きづらい」という面もあるのですが、
その点は各社独自の仕組みでカバーしています。

　アジャイル開発は、今日のようにビジネス環境が激しく変化し、開発対
象も複雑かつ大規模化している時代にマッチした、新時代の開発手法と言
うことができます。

3　製品開発手法の統合

　製品開発DXは、これまでに説明したMBDやCAEといった個別の開発手
法を統合して実現します。複数の開発手法を俯瞰して製品開発の進化を捉
えるための2つの軸を紹介し、さらに事例について見ていきます。

製品アーキテクチャーと開発プロセスの2つの軸

　製品開発は日々進化しています。その進化は、2つの軸で捉えることが
できます。1つが「製品アーキテクチャー」、もう1つが「開発プロセス」
です（図表2-9）。前者は製品が機能を実現するメカニズムをどこまで理解
しているか、あるいは要求性能に応じて製品を開発しやすい形に整理でき
ているかを表し、後者は開発プロセスの最適化を表します。図表2-9では
前者を横軸、後者を縦軸に取っています。

　製品アーキテクチャーの軸線上では、例えばハードウエア製品の場合、
その製品のメカニズムの解明が進めば進むほど、狙いどおりの製品を自在

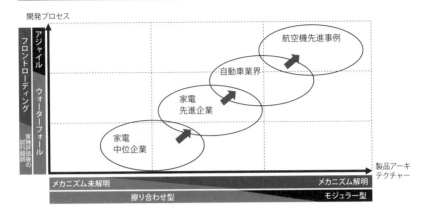

に設計できるようになります。

　製品アーキテクチャーは、最初は完全擦り合わせ型であり、試行錯誤を繰り返して完成を目指すしかない状態にあります。しかし、そこから各部品と機能の関係性の理解が進めば進むほど、モジュラー型へ進化していけます。モジュラー設計が進めば進むほど、モジュールごとの小さな単位で開発できるようになり、アジャイル開発への道が開けてきます。

　一般的に、企業の開発プロセスはウォーターフォール開発で始まり、フロントローディングを取り入れながらアジャイル開発へと進化していきます。フロントローディングでは、開発の早い段階でシミュレーションを活用することで、課題の抽出と解決を早め、あらゆる検討を前倒しで進めていきます。

　また、ウォーターフォール開発がアジャイル開発へ進化すると、小さな単位で複数の開発を同時並行的に進めることが可能になります。加えて、課題の抽出と解決のサイクルを高速で回すことにより、開発スピードが向上していきます。

　開発の状態をこの2軸で見ていくことで、自社の開発レベルを評価できます。開発の早い段階でシミュレーションを使用し、後工程の課題を潰す

フロントローディングがどの程度進んでいるか。また、モジュラー設計により開発を小さな単位に分けて仮説の検証や課題解決を高速に繰り返すアジャイル開発がどの程度実現できているか。私たちはこの2軸で評価しています。この2軸は、お互いにキャッチボールしながら進化していきます。

　企業がまず取り組むべきことは、製品の機能がどのような部品の構成・仕様で実現されているのか、そのメカニズムを解明することです。前に説明した言葉を使えば、機能をどこまでモデル化できるかです。

　こうしたメカニズムを数理モデルで表現できるようになると、CAEによるシミュレーションが可能になります。コストをかけて実機を作らなくても、計算によって機能や性能を検証できるようになり、開発効率は一気に向上します。同時に、シミュレーションが可能になればフロントローディングの導入も進み、図表2-9の斜め右上へ向かって進んでいくことができます。

　モジュラー化を進めていけばフロントローディングをさらに進めることができる、という関係性もあります。

　製品アーキテクチャーが擦り合わせ型の状況で機能ごとに開発と設計を進め、最後に各機能を合体させて製品全体として機能検証すると、数多くの問題が噴出してくる可能性があります。しかし、モジュラー化がしっかりと行われていれば、それぞれの機能とモジュールの組み合わせが独立した状態になっているため、ある程度開発を進めた後に合体させても、大きな問題は起きづらくなります。

　つまり、メカニズムの解明から機能の切り分けをしっかりと行い、モジュラー化を進めれば、フロントローディングが進み、効果的なアジャイル開発が可能になっていくわけです。ここからは、横軸である製品アーキテクチャーをどのように高度化させていくかを、ハードウエア側から、つまり"モノ"視点で考えていきます。

"モノ"視点の進化

　"モノ"視点での開発の進化は、製品を成立させている機能・性能のメカニズムの解明から始まります。

　メカニズムを解明できれば、精度の高い設計が可能になると同時に、機能のモデル化が可能になり、実機を使ったテストとそん色のない精度の高いシミュレーションが可能になります。これを開発の早い段階に繰り返し活用することで、フロントローディングを効果的に導入できるわけです（図表2-10）。

　また、機能・性能のメカニズムを解明できれば、製品の仕様と機能・性能の因果関係が明確になり、製品のアーキテクチャーを単純化できます。単純化することで、設計／評価対象を削減して課題をシンプルに整理できます。

　次に、機能ごとに部品あるいは複数部品のグループと1対1の関係性でモジュラー化が可能になるため、モジュールごとに分けて開発できるようになります。すなわち、モジュールごとの開発チームが同時並行的に仕事を進められるようになるわけです。

　このフロントローディングとモジュラー化の両方を組み合わせることで、従来型の実機を用いた試行錯誤による課題解決のループから脱却できます。アジャイル開発が可能になるという構造になっています。

　15年ほど前、韓国のあるメーカーのコンサルティングを引き受けたことがあります。そのメーカーは日本製品を買ってきて分解し、すべての部品を完全にコピーして組み上げ、製品を製造・販売していました。

　そこで彼らを悩ませたのが、品質問題です。品質問題が発生するとどのように処置をしてよいかわかりません。試行錯誤を繰り返し、設計を何度も変更して問題の解決を試みたのですが、製品のメカニズムを理解していないため、原因を突き止めることができません。また、部品と機能の関係性もまったくつかめておらず、問題を解決するために1つの部品を変更す

図表 2-10 "モノ"視点の進化

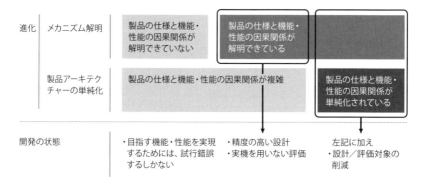

ると、それが他の部品に影響して新たな問題を生んでしまいます。まさに、モグラ叩きのような状態になってしまいました。

いつまでたっても問題を解決できず、途方に暮れて私たちに相談が来たわけです。

開発の進化はメカニズムの解明から始まると本項の冒頭で述べましたが、メカニズムが解明されていないことには、問題が起きても解決の方向がわかりません。すべてをトライ&エラーで解決していくしかなくなり、試行錯誤の泥沼に陥ってしまうわけです。

また、部品と機能の因果関係が明確になっていないままでは、最初の設計から精度が低くなってしまい、後工程で大量の問題が出てくることになります。

メカニズムがわかっていれば、最初から精度の高い設計が可能になり、結果の確認も実機を使う必要はなく、モデルを使ったシミュレーションでできるようになります。

開発の早い段階でシミュレーションを導入することで、フロントローディングの効果も高まるわけです。

"プロセス"視点の進化

　現在行っている設計や評価の作業の簡素化を進めていけば、設計や評価業務の工数を削減できます。ただし、開発の過程で設計や評価を効率化するといっても、そこには限界があります。私たちの経験則によれば、およそ2割も効率化できれば、かなり良い方ではないでしょうか。

　そこで、作業の簡素化に限界があるのであれば、今度は設計や評価の進め方を従来よりも効率的にすればよいという考え方が生まれます。これはつまり、開発プロセスを高度化していくことを意味します。開発をある程度進化させている企業は、すでにその領域に踏み込んでさらなる効率化を目指しています。国内では、自動車業界がその典型例です。設計や評価の対象そのものの削減に努めています（図表2-11）。

　設計や評価の進め方を効率的にするということは、つまり課題を早く発見するということです。

　そもそも設計において課題を発見できていないから、実機テストで問題が噴出し、その解決に奔走することになるわけです。ならば、開発の初期段階で課題を発見し、その対策を最初から設計に織り込んでおけば、実機を組み上げた際にも問題は起こりません。何か起きたとしても、量産化までまだ時間があり、冷静かつ計画的に課題解決を推進できます。これを実現するための開発手法が、これまでも触れてきたフロントローディングです。

　例えば、「この製品は、放熱と電磁波の2つが課題になる」ということが早くから予測できていれば、最初の設計であらかじめ対応しておくことができます。しかし、放熱の課題には気づけたものの、電磁波の課題には気づけなかったとすると、実機を試作した段階で初めて電磁波の問題に遭遇し、もう1つの課題に気づくわけです。つまりこれは、課題の発見が遅れたということになります。

　従来型の開発プロセスで常識とされてきた「後工程（評価）での課題発

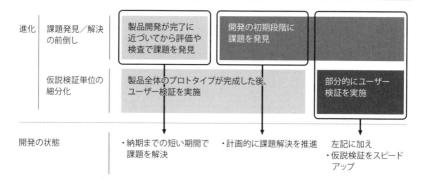

見」から脱却し、開発の初期段階でシミュレーションや想定問題への事前対応を行い、可能な限り多くの課題を発見できる状況に変えていくことが、フロントローディングの目標になります。

　ユーザーによる検証や仮説の検証も、なるべく開発の早い段階で実施し、課題を洗いざらい抽出しておきます。

　なお、図表2-11の左側に書いてある「仮説検証単位の細分化」とは、ユーザーが満足できる製品になっているかどうかを製品全体で検証するのではなく、部分的な機能だけで検証していけるようにすることを意味しています。

　最終的な製品の試作は、ある程度開発が進んでからでないとできません。納期まで時間がない状況になってから新たな課題が発見されたのでは、解決が難しくなるだけでなく、大きな工数とコストがかかり、最悪の場合は納期が遅れるといった事態に至る可能性も出てきます。

　開発の初期段階に課題を発見できれば、納品までまだ十分に時間があるので計画的かつ低コストで課題を解決できます。さらに、製品の仕様と機能性能との因果関係が解明できていれば、パラメーターを変えることで製品にどのような影響があるかも分かるため、計画的な設計変更とシミュレーションだけで効率的な課題解決が可能になります。

　開発手法との関係性についていうと、フロントローディングによって課

題を早期に発見し、アジャイル開発とMDによってすばやい解決を目指すことになります。

ここからは、図表2-9に示した4つの段階にある企業がどのような開発をしているのか、その事例を中心に紹介していきます。

事例　家電業界の中位企業における開発プロセス

家電業界の中位企業における開発プロセスの事例を紹介します。ウォーターフォール型を基本とした従来型の開発パターンの典型的なケースです（図表2-12）。

家電製品を開発するに際して、まずは、開発者がこれまでの経験とノウハウを用いて構想設計から主要部品の詳細設計まで進めます。主要部品の詳細設計を終えた段階で最初の試作を行い、主要部品で組み立てた実機による機能評価を実施します。

これが、この開発プロセスにおいて行われる第1回目の機能試作です。期待通りの機能や性能が出ているかどうかを、ここで初めて確かめるわけです。

主要部品を用いた機能試作は、機能を確認するだけではなく、課題の発見を兼ねています。ですから、一度の実機試験で成功することはまずありません。この実機試験の結果を得て課題を整理し、設計に戻って対策を施し、また新たな試作品を作って機能評価するというサイクルを繰り返します。これにより、徐々に設計を改善していきます。

主要機能がだいたい実現できたら、各部品の詳細設計に進み、それらを組み上げてまた実機を作ってテストします。この設計試作で再び課題が現れるので、部品設計に戻ってその部分を修正します。このプロセスを繰り返しながら、完成を目指すわけです。開発目標をクリアできる製品が完成したら金型を製造し、量産試作へと進みます。

このように、実機による試作・評価・設計変更のサイクルを何度も繰り返し、製品を開発しているメーカーは今でも少なくありません。

図表2-12　家電業界事例中位企業「ウォーターフォール型」

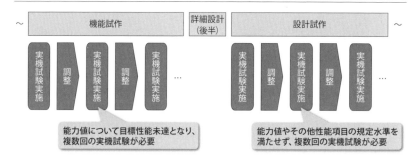

事例　家電業界の先進企業における開発プロセス

　家電業界の先進企業で行われている開発プロセスには、MBDやCAEを活用した性能試験用シミュレーションが導入されています（図表2-13）。

　商品企画、構想設計、詳細設計などの工程で、CAEによるシミュレーションを行います。設計段階でシミュレーションを繰り返し、後工程で想定される課題の多くを事前に対策しているため、家電業界の中位企業で解説した事例よりも設計品質が格段に向上しています。

　このようにシミュレーションを活用して設計を進めている企業において、機能評価の際には試作品を作り、実機による評価試験をしていることも少なくありません。しかし、これも先ほどの事例とは異なり、シミュレーションで機能を確認しながら設計を最適化してあるので、実機による試験で目標を大きく外すことは少なくなります。大きな課題も発生しにくくなっています。

　この企業が行っている実機試験は、ここで課題を発見するというよりは、設計した機能や性能が予定どおりに実現できているかどうかを確認するという意味合いが強いです。

　さらに進んでいる企業は、実機による試験をシミュレーションに置き換え始めています。機能のモデル化がある程度できており、実機と同レベルの試験がシミュレーションでも可能になっているからです。

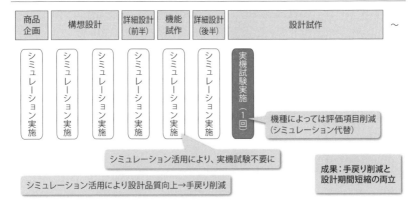

図表2-13　家電業界事例先進企業「MBDやCAE活用によるシミュレーション」

　開発の各所にシミュレーションを導入し、機能や性能を確認しながら設計を進めれば、工程の手戻り削減と設計期間の短縮を同時に実現できます。

　シミュレーションを多用しているケースでも、1回は必ず実機による試験を行うという企業は非常に多く見られます。しかし、かつては何度も行っていた実機試験を1回で完了できるわけですから、開発期間の短縮やコスト削減の効果は大きいと言えます。

　実機による試験をすべて廃止し、シミュレーションで代替している企業は、非量産品で非常に規模の大きい一部の特殊な製品を除き、まだほとんどないようです。

事例　自動車メーカーが進める先進的な開発プロセス

　こちらは、自動車メーカーが進めている先進的な開発プロセスの事例です。自動車業界では、2000年頃から新車の開発プロセスを大きく進化させてきました。

　従来は試作車による実機機能試験を2〜3回行い、課題の抽出とその解決を繰り返して完成を目指していました。しかし、自動車の場合は試作コ

ストが非常に高くなることから、試作コストを下げることが大きな目標となってきました。実機によるテストと機能評価を、可能な限りシミュレーションへ置き換えようとしています。

　まずはCAEの精度を向上させ、開発の早い時期に行っていた最初の試作と機能評価をシミュレーションに置き換えました。これが第1の変化です。開発の初期段階での試作には大きなコストがかかるうえ、この段階で試作車を製造しても、必ずしも課題の抽出に役立たないというのが大きな理由です。

　次に、試作車の台数を減らすため、試作車を作るタイミングをできる限り後ろへずらすような努力が行われました。これが第2の変化です。ドイツのBMW社の担当者は「この10年間でこれが最も大きな変化だ」と述べています。

　シミュレーションを進化させ、机上で発見できる課題は洗いざらい抽出し、設計を可能な限り改善したところで初めて試作車を作ります。計算で改善できる部分は計算で解決し、実機を試作してみないとわからない問題だけに特化して実機試験を行いたいからです。

　その結果、試作台数は大きく削減されました。かつては実機でしかできなかった衝突試験さえも、今はシミュレーションで可能になっています。ただし、従来同様の金属製のボディの衝突試験は計算でできますが、最近増えている複合材の衝突試験は、まだシミュレーションの成熟度が足りないため、実機試験で行われています。

　加えて、自動車業界ではMDがかなり導入されています。

　例えば、燃費を5％改善するという目標がある場合、エンジンで2％、トランスミッションで1％という具合に、開発部門ごとに目標値を割り当て、それぞれが実現に努めます。その結果、全体を組み合わせたときに目標の5％を達成しようという目論見です。

　燃費だけならまだ話はシンプルなのですが、乗り心地や静粛性など、ほかにも多数の目標があります。その中で、やはり各部門に改善目標が割り当てられ、それぞれが改善に向けて努力します。

シミュレーションの精度がまだ低かった時代は、各部門が設計の最適化に努力して、その結果を集めて実機を試作し、そこで初めて機能試験が行われました。ほとんどの場合、最初の試作では目標がまったく達成できていない状況が起きていました。最終試作に向け、実機による試験と設計の調整を何度も繰り返していたわけです。

その試行錯誤をなくすため、機能ごとにモジュラー化を進めたうえでシミュレーションを適用し、機能評価の前に設計の最適化を進めています。モジュールの設計を変えたときに他のモジュールに与える影響についても、そのルールが明らかになっているため、全体を組み上げたときの結果もある程度予測可能になっています。

こうした開発基盤を確立できていれば、実機試験をしなくても設計の完成度を上げることが可能になります。ほとんどの開発をシミュレーションによって行い、実機試験は1ステージだけという例も増えています。試作車を作る段階では、多くの課題がすでに解決されているわけです。

全体的な開発プロセスは、家電業界の先進企業とよく似ています。しかし大きく異なる点は、エンジンやトランスミッションなどを一部モジュラー化して、開発目標の割り付けを可能にしている点です。従来の開発よりスピーディーで低コストな開発プロセスが実現されています。

事例 航空機業界の先進企業によるアジャイル開発

次は、航空機業界の先進的な事例です。アジャイル開発を導入し、開発効率を上げています（図表2-14）。

ここでは、ウォーターフォール型で開発した米国のロッキード マーティン社の戦闘機「F-35」と、アジャイル型で開発したスウェーデンのサーブ社の「グリペン」を比較してみました。

F-35はステルス戦闘機ですが、グリペンはそうではないなど、様々な条件が異なるので単純に比較することはできませんが、グリペンの開発コストはF-35のなんと100分の1、ユニットコストが3分の1になっており、

図表 2-14 F-35 とグリペンの比較

	ロッキード マーティン社　F-35	サーブ社　グリペン	
開発スタイル	ウォーターフォール開発	アジャイル開発	
開発コスト	1.5兆ドル	140億ドル	約1/100
ユニットコスト	1.48億〜3.37億ドル	0.69億ドル	約1/3
性能		ステルス性能以外は同等以上	

出所：SAAB 社の発表資料を基に ADL 作成

そうした条件の違いをはるかに超える大きな差が出ています。戦闘機としても、グリペンはステルス性能を除けばF-35と同等以上の性能を実現しています。

　グリペンは世界トップレベルの性能レベルを追求した製品ではなく、現代の新鋭戦闘機として十分な性能をクリアしつつ、かつてないほど低コストで生産できる戦闘機を目標に開発されました。

　ここで最大限に活躍したのは、シミュレーションです。実物とまったく同じサイズや特徴を持つ3Dモデルをコンピューター上の仮想空間に再現しました。デジタル空間に構築した実製品のコピーを、一般的に「デジタルツイン」と呼びます。このデジタルツインを活用し、仮想空間上で多数のシミュレーションと機能評価を行いました。

　また、前述した自動車の事例と同様に、コックピットや機体、エンジンなどを要素ごとにモジュール化し、小さな開発チームに分かれて同時並行的に開発を進めました。

　モジュールごとに設計と評価を高速に繰り返して最適化を進めていきますが、それを組み合わせたときに全体に与える相互作用を都度評価しながら設計を進めています。つまり、モジュールごとにシミュレーションをし

ながら最適化しつつ、モジュールを組み合わせた場合の全体像がどうなっているかも繰り返しシミュレーションしながら開発を進めたわけです。モジュールごとの開発と製品全体の評価を交互に実施したところが、本事例の重要なポイントです。

このチームマネジメントに関する特徴は、モジュール単位で開発できるので、各モジュールの開発では小人数のチームが密にコミュニケーションを取り、早い決断と実行によって開発スピードが上がることです。また、チーム間のコミュニケーションでは、仕組みを使って情報を常に共有し、議論を進めることで意思決定を効率化しました。

以上、家電業界中位企業、家電業界先進企業、自動車業界、航空機業界の先進企業の事例を順番に解説しました。4つの事例を順序立てて見ていくことで、開発プロセスの進化の過程を具体的にイメージしていただけたと思います。

第 **3** 章

"モノ"視点の進化：
モジュラー化

本書では、製品アーキテクチャーと開発プロセスの2つの側面から、製品開発進化の方向性を捉えています。本章では、対象となる「モノ」を実現するための製品アーキテクチャーを理解し、うまく使いこなすことで、どのような部品からどういった機能をいかに効率的に実現するか、について見ていきます。

　特に擦り合わせ型の製品を開発してきた場合、ちょっとした設計変更が多くの部位に複雑に影響し、設計を全面的にやり直すことが多くなります。これでは製品開発の効率化は望めません。

　そこで、ここで取り上げるような、ユニットや部品のモジュラー化、シミュレーションの活用といった手法を使って、開発を効率化していく必要があります。

1 ▶ "モノ"に着目した製品開発の効率化

　設計対象となる「モノ」に着目して、開発を効率化するための具体的な手法は、大きく3つあります。「ユニット・部品の一部モジュラー化」「シミュレーションの活用」「複数製品の評価統合」です。

　このうち、「複数製品の評価統合」は、他の2つの手法である製品アーキテクチャーの改善策である「ユニット・部品の一部モジュラー化」と製品プロセスを効率化させる「シミュレーションの活用」に含まれる概念なので、ここで独立させて取り上げることはせず、「ユニット・部品の一部モジュラー化」と「シミュレーションの活用」の説明の中で触れていくこととします。

　ここでは、「ユニット・部品の一部モジュラー化」と「シミュレーションの活用」の具体的な取り組み方について、以下に示す4つについて、解説していきます。

- 性能分解（事前準備）
- ユニット・部品の一部モジュラー化
- シミュレーション活用（≒MBD）
- ハイブリッド型（一部モジュラー化×シミュレーション活用）

　開発の効率化は、まず、土台となる「性能分解」からスタートします。

　性能を分解した上で、部品と性能のメカニズムの解明が進めば進むほど、製品の部品と機能・性能との関係性が明らかになっていきます。そして、部品と性能の関係が明確になれば、機能・性能ごとに部品やユニットを切り分けていくことでモジュラー化が可能になります。モジュラー化ができれば、モジュールごとに小さな単位で開発できるようになり、開発効率を飛躍的に向上させていくことができます。

その過程では、CAE（コンピューター支援開発／解析エンジニアリング）をベースとする各種のシミュレーションが重要な役割を果たします。CAEはMBD（モデルベース設計／開発）を支える基本的な開発ツールとして機能します。また実際には、多くの開発事例において、すべての機能に関して完全にモジュラー化する（＝製品の機能・性能に関するすべてのメカニズムを明らかにする）ことは難しいことも事実です。このため、「完全モジュラー型」ではなく「一部モジュラー型」が現実的なアプローチになる場合が多いわけです。

　以下、「性能分解（事前準備）」「ユニット・部品の一部モジュラー化」「シミュレーション活用（≒MBD）」「ハイブリッド型（一部モジュラー化×シミュレーション活用）」の順に見ていきます。

2　性能分解（事前準備）

　製品の構成にもよりますが、一般的に製品が生まれて間もないなど開発初期の段階では「完全擦り合わせ型」の状態にあることが多いと言えます。これは、機能や性能がお互いにどう影響し合っているのか、また、どの部品がどの機能や性能に影響しているのか、その非常に複雑で絡み合った関係性を紐解けていない状態を指します。

　そうした状態から、部品や性能を1つずつブレークダウンして検討し、この製品の性能がどのような部品と関係しているのかを具体的に理解していくのが、この最初のステップである「性能分解」の目的になります。このステップを行うことで、「ユニット・部品の一部モジュラー化」や「シミュレーション活用」に進むことができるようになります。

「部位×性能マップ」の作成

性能分解は、図表3-1に示すような表を作るところから始めます。これを「部位×性能マップ」と呼んでいます。これにより、性能同士の関係性も、性能と部品の関係性も不明瞭な状態である「完全擦り合わせ型」からの脱却の第一歩を踏み出します。

「部位×性能マップ」は横軸に性能、縦軸に部品を並べて作る表です。製品には多数の性能が含まれます。ここでは「性能A」という機能について（横軸）、解明・評価していくことにします。

性能Aをそのままの状態で眺めていても、部品との関係性を解明していくことはできません。そこで、まずは性能Aをいくつかのサブの性能に分解します。

性能Aをより細かい性能、例えば「性能A-1」「性能A-2」「性能A-3」といった具合です。これで、まず性能Aを1階層下の性能に分類できます。それをさらに細かく分解していくと、2階層下の「性能a」「性能b」「性能c」「性能d」という具合に整理できます。このように、製品を成立させている性能を大きなものから小さなものへ分解します。より細かい性能に落とし込んでいくことで、表の横軸が作られていきます。

性能を分解するには、何が必要でしょうか。ここで重要になるのが、性能間のメカニズムの理解です。性能Aを作り出している性能A-1や性能A-2との関係性を解明しなければ、性能を分解していくことはできません。つまり、「性能Aを分解していくと性能A-1、性能A-2、性能A-3などになり、逆に合体させていくと性能Aになる」という性能間のメカニズムを解明する必要があります。また同時に、各性能同士の横の関係も理解することが求められます。

性能Aを細かく分解していく際に、どのような基準で機能ごとの線引きをしていけばよいのでしょうか。その判断基準の1つが、「性能同士がお互いに与える影響が無視できるほど小さい状態にあること」です。

「メカニズムの解明」の最終的な目的は、MBDの実現にあります。その

図表 3-1　部位×性能マップ

			性能										
			性能 A										
			性能 A-1			性能 A-2		性能 A-3				性能 A-4	
			a	b	c	d	e	f	g	h	i	j	k
部位	ユニット A	部品 A	A-1	○	○		○	○		○				
			A-2	○	○		○	○		○				
		部品 B	B-1	○	○	○	○	○		○				
			B-2	○	○	○	○	○		○				
	ユニット B	部品 C	C-1	○						○	○			○
			C-2	○						○				○
		部品 D	D-1	○						○	○	○		○
			D-2	○						○	○	○		○
		部品 E	E-1	○					○	○			○	○
			E-2	○					○	○			○	○
		部品 F											○	○

○：横軸と縦軸に関係性があることを示す

ためにはモジュラー化が必要であり、そのために必要になるのが部品と性能の関係性の理解であり、メカニズムの解明なのです。ですから、分解した1つひとつの性能が、お互いにまったく影響を及ぼさない状態、または影響が無視できるほど小さい状態であることが求められます。これにより、部品と性能のかたまりを1つのモジュールとして切り出し、独立して扱える状態に近づきます。

　次に、縦軸の作り方を説明します。縦軸は、いま作った横軸に対応させる形で作っていきます。つまり、ここでは性能Aに関わる部品を列挙していくことになります。まず性能Aを実現している大きな部品のくくりとして、製品を構成する大きな部品のかたまりをユニットA、ユニットBという具合に分解し、列挙します。

　次に、各ユニットを構成している部品を部品A、部品Bという形で分解し、さらにそれを構成している部品A-1、部品A-2という具合に、大きな部品から小さな部品へと分解を進めます。

どこまで小さく分解していけばよいでしょうか。その基準は、横軸に配置した性能です。最も細かいレベルの性能に対応する部品まで分解すれば十分です。

　性能と部品の分解が終わったら、各性能と部品が交わるマスに「○」をつけ、性能と部品の対応関係を可視化します（図表3-1）。

　性能aの列を縦に見ると、部品AからEまで「○」がついており、非常に多くの部品が影響していることがわかります。また、性能iを見ると、部品D-1と部品D-2の2つにしか「○」がついていません。この性能は2つの部品からしか影響を受けないことがわかります。

シミュレーション適用可能度を4段階で判定

　次に、「○」を記載した各マスについて、シミュレーション適用可能度に応じて「1」から「4」までの4段階で評価し、数字を記入していきます。「1」から「4」までの数字は、次の定義に従って評価していきます。

　〈評価の定義〉

　1：シミュレーション評価へ移行可能

　2：シミュレーション評価の技術が不足

　3：一部機種について実機評価必須

　4：全機種について実機評価必須

　「1」は、シミュレーションによる評価が可能（≒実機試験不要）なものです。すなわち、性能評価項目に部品がどう影響しているかについて、そのメカニズムが解明されており、その評価に必要なシミュレーション（CAE）技術も自社内ですでに確立されている状態を示します。

　「2」は、シミュレーションによる評価は可能であるものの、現状では製品開発にまだ適用できない状態を表します。すなわち、部品が性能へ影響するメカニズムは解明されていますが、CAEの技術がまだ社内で確立されていない状態です。ただし、他社や市場にはCAE技術が存在しています。

「3」は、一部機種について実機試験が必須になっている状態を表します。これは、メカニズムが解明できていないためにシミュレーション評価はできませんが、全機種について実機試験を行う必要はない状態です（一部機種の評価のシミュレーション代替など）。同じ機能を持つ製品で、能力や性能の異なる機種を用意してラインアップを作るような場合が該当します。

例えば、同じ機能を持つ製品で、性能をレベル20、レベル40、レベル60という具合に3つの機種を作りたい場合に、レベル20とレベル60の製品は実機試験によって性能を確かめますが、中間のレベル40の製品については、実機試験を割愛しても問題ないような場合を想定しています（レベル40の製品性能のみシミュレーションにて評価する場合も考えられます）。

「4」は、全機種について実機試験が必須な状態です。メカニズムが解明できておらず、実機試験が（1つも）省略できない場合です（「3」のように、中間機種の実機試験を削減することもできない）。

以上のようなやり方で、図表3-1のマトリクスで「○」をつけた部分に、上の4つの評価に該当する数字を記入していきます。その例を、図表3-2に示します。

これにより、性能と部品の影響関係だけでなく、部品と性能の影響関係がシミュレーションの観点からどのような状況にあるかが可視化されます。

例えば、性能bとそれに影響しているユニットAの交点はすべて「1」と評価されています。すなわち、メカニズムがすでに解明されており、CAEの技術も自社内に確立されている状態です。一方、性能gの列を縦に見ると、すべて「4」になっています。まだメカニズムが解明されておらず、全機種について実機試験が必要になっている状態です。

このように性能・部位の双方を分解し対応関係を可視化し、そのシミュレーション適用可能度を評価した状態を、本書では「性能分解段階」と呼びます。「性能分解段階」に到達すると、性能評価をブレークダウンした

図表 3-2　部位×性能マップ（4 段階評価）

部位				性能										
				性能A										
				性能A-1			性能A-2		性能A-3				性能A-4	
				a	b	c	d	e	f	g	h	i	j	k
	ユニットA	部品A	A-1	4	1		4	4		4				
			A-2	4	1		4	4		4				
		部品B	B-1	4	1	4	4	4		4				
			B-2	4	1	4	4	4		4				
	ユニットB	部品C	C-1	4						4	1			4
			C-2	4						4	1			4
		部品D	D-1	4						4	1	4		4
			D-2	4						4	1	4		4
		部品E	E-1	4					4	4			4	4
			E-2	4					4	4			4	4
		部品F											4	4

性能別に実施することができるようになります。図表3-2の例でいうと、「性能A」として評価していたものを性能a、性能b、……性能kと個別に評価できるという具合です。この段階では、性能を分解しているものの、各性能と複数の部品が影響し合っている状況です。

　ここで、「1」と評価されたものは問題ありませんが、「4」と評価されたものについては、部品の性能への影響度をもう少し詳しく評価しておかなければならない場合があります。

　その例が図表3-3です。「4」と評価された項目について、さらに性能への影響度を勘案して大中小に分類しています。

　部品と性能の間のメカニズムが解明されていない中で大中小に分類するわけですから、ある意味、開発者としての勘と経験で評価するしかありません。例えば、性能aには多数の部品が影響していますが、明らかに部品Dの影響が一番大きいとわかる場合に、「大」と記入します。このように、性能に対する部品の影響度を可視化しておくことが、後工程の検討に役立つ場合があります。詳しくは後述します。

図表3-3　部位×性能マップ（影響度評価）

			性能										
			性能A										
			性能A-1			性能A-2		性能A-3				性能A-4	
			a	b	c	d	e	f	g	h	i	j	k
部位	ユニットA	部品A A-1	小	1		小	小		中				
		部品A A-2	小	1		小	小		中				
		部品B B-1	小	1	大	小	小		大				
		部品B B-2	小	1	大	小	小		大				
	ユニットB	部品C C-1	中						小	1			小
		部品C C-2	中						小	1			小
		部品D D-1	大						小	1	大		小
		部品D D-2	大						小	1	大		小
		部品E E-1	中					大	小			大	大
		部品E E-2	中					大	小			大	大
		部品F										大	小

▶ **ユニット・部品の「一部モジュラー化」**

　開発の効率化を目指すうえで、部品のモジュラー化は不可欠なプロセスになります。先に述べたとおり、ほとんどの製品が最初は「完全擦り合わせ型」の状態にあります。そこから性能分解を経て「性能分解段階」へ移行し、部品・性能間のメカニズムを解明することで、機能ごとにモジュラー化を進めていきます。

　「完全モジュラー型」まで持っていくことが理想ですが、多くの場合、「一部モジュラー型」になってしまうことは前に述べました。それでも、可能な限りモジュラー化を進めていくことで、開発を小さな単位に分けて進めることが可能になり、フロントローディングがしやすくなると同時に、アジャイル開発への道が開けていきます。

　では、そのモジュラー化という作業は、どのようにして進めていけばよいのでしょうか。ここでは、その具体的な手法について解説します。

図表3-4　モジュール条件

部位		性能				
		性能A	性能B	性能C	性能D	性能E
	部品A			1		4
	部品B	4			4	
	部品C	4			4	
	部品D			1		4
	部品E		3	1		
	部品F		3	1		
	部品G			1		4

モジュールX（部品B・部品C）／モジュールY（部品E・部品F）

モジュール条件	①	モジュールが影響する性能に対し、他部品からの影響がない
	②	モジュールが影響する性能に対し、他部品からの影響はあるが、シミュレーションが可能（影響のメカニズムが明確）

　第1段階の「性能分解」で作成したマトリクス（部位×性能マップ）を使用し、モジュラー化の検討を進めていきます。まず、「モジュラー化が可能な状態（モジュールを切り出せる状態）」とはどういうものかを解説します（図表3-4）。

　これは、前項の「性能分解」で作成した部位×性能マップの簡略化版です。ここで、モジュールを切り出せる条件は2つあります。

　1つ目は、特定の部品や部品のグループをモジュールとして切り出したとき、ほかの部品から受ける影響がまったくない場合です。その例が、図表3-4に太線で示した「モジュールX」です。

　モジュールXは、部品Bと部品Cをモジュールとして切り出せている状態です。部品Bと部品Cは、性能Aと性能Dの2つの性能に影響しています。しかし、性能Aと性能Dから見ると、ほかに影響している部品は1つもありません。つまり、部品B、Cと性能A、Dは、他の部品から独立した状態にあるわけです。

　この状況がある場合、部品Bと部品Cをモジュールとして切り出すことができます。この場合、ほかの部品が影響するかどうかだけが判断基準に

なるので、4段階の評価が何であるかは関係ありません。

　2つ目は、モジュールが影響している性能に対して、ほかの部品からの影響があってもシミュレーションだけで評価が可能な場合です。これが、やはり図表3-4に太線で示した「モジュールY」です。

　部品Eと部品Fは、性能Bと性能Cに影響しています。このうち、性能Bは先ほどのモジュールXのケースと同様に、他の部品からの影響がまったくなく、独立している状態にあります。しかし、性能Cの列を縦に見ると、部品Eと部品F以外にも、部品Aや部品D、部品Gなどから影響を受けています。ただし、これらのマスはすべて「1」となっており、シミュレーションで評価できる状態にあります。

　このような場合、モジュールYをモジュールとして切り出すことができます。性能Cについてはシミュレーションで評価できるので負荷は大きくありません。実機試験は性能Bだけに絞って実施すればよいからです。

　モジュール化できる条件は以上の2つがあるわけですが、モジュールを切り出した結果、モジュールの構成要素が1部品となった場合（モジュール＝部品）、部品と性能が1対1で対応している、または、性能評価をシミュレーションで行える状態となっており、これが「完全モジュラー型」と呼べる状況になります。部品単体の実機試験評価とシミュレーションにより性能全体の評価を行える状態です。

　これに対し、「一部モジュラー型」とはモジュールとして切り出すことはできるが、その中には複数の部品が存在し、モジュール内の部品間の関係性は不明瞭である場合です。複数部品から成り立つモジュールであっても積極的に切り出し、1つの開発単位として独立させた方が、「完全擦り合わせ型」や「性能分解段階」のまま残しておくより開発を有利に進められます。

「可視化」「細分化」「責任分担化」でモジュラー化を検討

　性能を分解できず、「性能分解」にて示した図表3-1、図表3-2にも至っていない段階は「完全擦り合わせ型」であり、性能・部品ともに分解できていない状況のため、前章の図表2-4にて示した図のように、すべての部品を1つの大きなグループとして扱うしかありません。すなわち、全部品を組み立てて試作品を作り、すべての性能を実機による評価試験で確かめていくしか方法がないわけです。

　図表3-2で表される「性能分解段階」は「完全擦り合わせ型」より一歩進んだ状態と言えますが、性能aの列を縦に見ると、実に多数の部品が影響しています。また、部品側から横に見ると、それぞれの部品が複数の性能に影響していることがわかります。このような場合、性能ごとに部品を切り分けることができず、それぞれの関係性が複雑でモジュール化が難しくなります。

　多くの場合、最初はどのような製品でもこのような「完全擦り合わせ型」およびそこから一歩進んだ「性能分解段階」の状態からスタートします。そこからどのようにモジュラー化を進めていけばよいか、解説していきます。

　モジュラー化を検討するための手法には、①可視化、②細分化、③責任分担化という3つがあります。

　「可視化」とは、計測とシミュレーションによって性能を把握する方法を言います。前述したシミュレーション可能性の4段階の評価で「4」となっていたところを、何とかして「3」や「2」や「1」に変えていくことを指します。

　「細分化」とは、性能をより細かく分解していくことで、部品との関係性をシンプルにしていく手法を言います。例えば、図表3-2の性能aです。性能aに関わる部品は数が多く、しかもすべて「4」と評価されていました。この性能aを、さらに性能a-1、性能a-2のように小分けにしていくこと

で、部品との関係をより小分けにしていき、モジュール化の可能性を探ります。

「責任分担化」とは、影響の大きい部品に代表させて該当する性能全体の責任を持たせるという手法です。前に紹介した図表3-3では、「4」と評価された項目に関し、さらに性能への影響度に応じて大中小に分類しました。ここで「小」と評価された部品をあえて無視し、「大」と評価された部品にその性能の責任を持たせます。その部品さえ評価すれば、性能への影響をおおよそ把握できる状況を作るわけです。

3つの手法のそれぞれについて、詳しく見ていきます。

①可視化

これまで紹介してきた図表3-3の事例をベースとし、「可視化」を試みた状況を図表3-5に示します。

図表3-2で「4」と評価されていた性能a、g、kについて、「1」に変えた状況になっています。部品と性能間メカニズムがまったくわかっていなかった状況から、計測やシミュレーションを実施して状態を可視化（＝部品と性能の関係性を解明）できれば、「4」を「1」にできます。

「4」を「1」に変換できた結果、部品をモジュールとして切り分けることができるようになり、図表3-5では部品Cと部品Dをモジュールとして切り出すことができました。

部品C（部品C-1と部品C-2の集合）でモジュールSを、部品D（部品D-1と部品D-2の集合）でモジュールTを構成します。（図表3-5で図示はされていませんが）残された部品A・部品B・部品E・部品Fを合わせてモジュールUとし、合計3つのモジュールを切り出すことができました。この状態は、すべての性能と部品が複雑に絡み合っていた状況から、3つのモジュールに分けることができており、「一部モジュラー化」を達成できていると言えます。

「一部モジュラー化」のメリットは少なくありません。例えば、モジュールSの中の部品C-1に何らかの設計変更が生じた場合を考えてみましょう。

			性能										
			性能A										
			性能A-1			性能A-2		性能A-3				性能A-4	
			a	b	c	d	e	f	g	h	i	j	k
部位	ユニットA	部品A	A-1	1	1		4	4		1				
			A-2	1	1		4	4		1				
		部品B	B-1	1	1	4	4	4						
			B-2	1	1	4	4	4						
	ユニットB	部品C	C-1	1	モジュールS					1	1			1
			C-2	1						1	1			1
		部品D	D-1	1	モジュールT					1	1	4		1
			D-2	1						1	1	4		1
		部品E	E-1	1					4				4	1
			E-2	1					4				4	1
		部品F											4	1

　最初の「完全擦り合わせ型」の状態（図表2-4）であれば、設計変更によって性能Aに影響が出ていないかどうかを確認するため、すべての部品を組み合わせて試作品を作り、実機による評価試験を行う必要がありました。しかし、「一部モジュラー化」を実現した現在では、C-1が含まれるモジュールSだけを単体で組み立てて機能評価をすることで、性能Aの評価が可能になっています。

可視化の事例：電気計測機器の内部温度均熱化

　今までの「可視化」の説明だけでは、計測やシミュレーションをどのように活用することで部品と性能の関係性を解明するのかがわかりづらい部分もあると思います。そこで、具体的な事例として、電気計測器の事例を紹介します。

　電気計測器とは、電気の諸量（電圧、電流、抵抗など）を測る装置を指します。この事例では、電気計測器の内部温度分布の均熱化が課題となっていました。筐体内の温度が製品の計測精度に大きく影響するためです。そこで、一次試作においていったん製品全体を組み合わせて試作し、内部

の発熱の状態を計測、評価して、均熱化を図るための設計最適化を行っていました。

　試作して評価し、その結果から設計を見直す。設計変更の効果を確認するために、また製品全体を試作して評価する。このような具合で、複数回にわたる試作と評価を必要とするのが常であり、これが開発期間の長期化や、度重なる試作によるコスト増大の原因となっていたのです。

　この製品についてメカニズムの解明を進め、「可視化」によるモジュール化を図りました。その結果、開発過程の随所にシミュレーションを導入することができ、試作による実機評価を省略したり、その回数を減らしたりすることができました。試作に関しても、熱源と排気流路を中心に簡素化し、試作コストを下げることができました。具体的に何をしたのか、以下で述べていきます。

　この電気計測器は最初、図表3-6左側（従前）のような状態にありました。

　「電気計測精度」という性能を「電気抵抗」と「筐体内温度」に分解したことで、電気抵抗という性能に影響する部品を抵抗器だけに切り分けることができていました。

　しかし、「筐体内温度」の性能に影響する部品には「筐体」「LSI」「ファン」の3つがあり、3つの部品がどのように影響しているのか、そのメカニズムがまったく解明されていない状況でした。このため、すべて組み合わせて試作し、実機による機能評価試験が必要になっていたわけです。

　ここにシミュレーションを導入可能にするため、まず部位の細分化を行いました（図表3-6右側）。

　「筐体」という形でひとくくりに扱っていた部位を、「筐体（外壁）」と「排気路（内部）」に分けて考えました。筐体という大きなくくりで見ているとシミュレーション適用を考えることは困難ですが、外壁と内部という2つの概念に分け、排気路をシミュレーションしやすい形に整えることで、「筐体内温度」という性能のシミュレーションでの評価を実現しました。

【従前】

部位		性能 電気計測精度		
		電気抵抗	筐体内温度	…
筐体	筐体		4	
内部部品	抵抗器	1		
	LSI		4	
	ファン		4	

【従後】

部位		性能 電気計測精度		
		電気抵抗	筐体内温度	…
筐体	筐体(外壁)		1	
	排気路(内部)		1	
内部部品	抵抗器	1		
	LSI		1	
	ファン		1	

具体的には、「筐体内温度」シミュレーション時の論理式に当てはめやすい排気路パターンを複数用意し、熱流体解析などのシミュレーションを実施することで、最適な排気路の形状を検討し、その排気路形状に合わせる形で抵抗器・LSIなどの部品を配置しました。

　これにより「筐体内温度」性能のシミュレーション評価が可能となり（図表3-6右側の「4」もすべて「1」となり）、「電気抵抗」「筐体内温度」に関連する部品は個別のモジュールとして切り出すことが可能となりました。

　別の見方をすれば、次のようになります。

　「完全擦り合わせ型」で製品全体を試作しなければ機能評価できなかった状態から、熱流体シミュレーションを導入可能にするため、評価すべき性能や部品の切り分けを見直しました。具体的には、構想設計の段階でシミュレーションを実施し、製品内部の廃熱に最適な排気流路を先に決めてしまいます。それを生かす形ですべての部品を配置し、詳細設計へ進んでいく形に開発プロセスを変えました。その結果、実機による試作をしなくても、温度変化をシミュレーションにより評価できるようになりました。

　この事例の最大のポイントは、先にシミュレーションで筐体内の熱問題を解決してしまったことです。後から部品の詳細設計をするという形に、

開発の考え方を大きく変えました。

　シミュレーションを導入するためには何が必要か、何を変えなければならないのかといった視点で設計プロセスを見直すことで、開発プロセスを劇的に改善する方策が見つかることはよくあります。

②細分化

　2つ目の手法は、モジュラー化を推進するために、機能や部品を切り分けて細分化していくことです。図表3-7は、図表3-4の状況から、性能に「細分化」を施した事例です。

　性能A-1を性能a、性能b、性能cに分けてもモジュラー化が難しい場合、性能aをさらに性能a-1、性能a-2という形で細分化してみます。すると図表3-7のように、性能aというくくりで考えていたときは部品Aから部品Eがすべて関わり、擦り合わせ型になっていたものが、性能a-1、性能a-2の2つに細分化したことで、部品Aだけが性能a-2、それ以外の部品が性能a-1に影響するという形に切り分けることができました。

　細分化が可能になる状態には、大きく2つのパターンがあります。

　1つ目のパターンは「メカニズム解明」です。性能aには、部品Aから部品Eまでの部品が関わっています。この状態のままではメカニズムを解明できないわけですが、一部だけでも分解したい場合がこのパターンになります。

　これがうまくいく条件は、性能aを性能a-1と性能a-2に分けた場合に、両者の間のメカニズムが解明でき、何らかのモデル（数式）で表現できることです。性能a-1と性能a-2それぞれの中身についてはブラックボックスのままで大丈夫です。つまり、性能a-1には部品Bから部品Eまでが関わっているわけですが、その関係性は不明のままで大丈夫ですし、性能a-2を形成している部品A-1と部品A-2の間の関係性がわからなくても問題ありません。性能a-1と性能a-2の関係性さえつかめていれば、分解できます。

図表 3-7　手法 2「細分化」

部位	ユニット	部品		性能													
				性能A													
				性能A-1				性能A-2			性能A-3					性能A-4	
				a		b	c	d	e		f	g		h	i	j	k
				a-1	a-2	b	c	d-1	e-1	e-2	f	g-1	g-2	h	i	j	k
部位	ユニットA	部品A	A-1		小	1		小		小		中		モジュールX			
			A-2		小	1		小		小		中					
		部品B	B-1	小		1	大	小		小		大		モジュールY			
			B-2	小		1	大	小		小		大					
	ユニットB	部品C	C-1	中								小		1			小
			C-2	中								小		1			小
		部品D	D-1	大								小		1	大		小
			D-2	大								小		1	大		小
		部品E	E-1	中							大	小				大	大
			E-2	中							大	小				大	大
		部品F	F													大	小

　このパターンで注意しなければならないことは、性能a-1と性能a-2が互いに独立している必要があることです。性能a-1が変化したときに性能a-2も変わってしまい、それがまた性能a-1に影響するという具合に、影響が循環するような形になってしまっていると、うまくいきません。この点だけ、注意してください。

　2つ目のパターンは「影響無視」です。これは、性能a-1と性能a-2の性能aへの影響度に大きな差があり、片方の性能を無視できる場合です。例えば、性能a-2は性能aに（詳細はわからないものの）何らかの影響を与えているが、その影響は微小なものであることはわかっており無視できる、といったケースが該当します。

　このような形で細分化していくことができれば、モジュラー化をさらに進められる可能性が高まります。このケース（図表3-7）では、性能a、d、e、gをそれぞれ細分化したことで、部品A-1と部品A-2をモジュールXとして切り出し、それ以外の部品Bから部品FまでをモジュールYとすることができました。

この利点は「可視化」でも述べましたが、例えば部品A-1に何か設計変更が生じた場合、以前なら部品Aから部品Fまですべてを組み合わせて試作しなければ機能評価できなかったものが、モジュールXだけを評価すればよくなることです。

細分化の事例：画像処理検査装置の画像撮影精度

　「細分化」の具体例として、画像処理検査装置の事例を紹介します。この装置では、図表3-8左のとおり、ベルトコンベアのような仕組みにより検査対象となるワークが運ばれてきます。スクレイパーの上を滑ってワークを下へ落とす際に、「ワーク位置」部分でカメラが撮影して画像処理を行い、良品と不良品を仕分ける仕組みです。

　この装置を製造する際、従来は設置先の条件や設置環境に応じて1台ずつ個別に設計していました。一次試作に進んだ段階で、目的とする画像がうまく撮影できるかどうかを検証、その検証結果を設計にフィードバックして最適化を行うため、試作と検証試験を何度も実施する必要がありました。

　この製品に「細分化」「責任分担化」を適用し、ワーク搬送用モーターやスクレイパーの機能の分解や、実験とデータ解析を行うことで、試作の回数を削減できました（責任分担化については後述します）。

　最適化の対象となる性能は、「画像撮影精度」になります。これを決定づけている性能は、「ワーク位置」と「ワーク位置の照度」であることはわかっていました（図表3-8右）。

　しかし、ワーク位置や照度は何によってどのように影響されているのか、そのメカニズムがわかっていませんでした。つまり、図表3-8に示すとおり、すべてのマスが「4」と評価される状態だったわけです。このため、従来の開発プロセスでは試作と機能評価を繰り返して設計の最適化を目指すしかありませんでした。

　ワーク位置については、ワーク搬送スピードとスクレイパーの形状や材質を試行錯誤して調整、ワーク位置の照度については、適切な照度とする

装置イメージ図

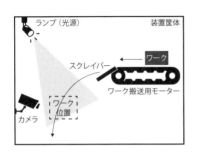

部位×性能マップ（従前）

		性能	
		画像撮影精度	
		ワーク位置	ワーク位置の照度
部位	ワーク搬送用モーター	4	4
	スクレイパー	4	
	ランプ		4
	基盤		4
	装置筐体		4
	装置筐体内用ファン		4

ために装置全体に分散している部品を擦り合わせて調整しており、各性能とも調整に多数の工数がかかっている状況でした。

　そこで、まずワーク位置を決めるメカニズムを解析し、「ワーク速度」と「射出角度」が影響していることを突き止め、性能を細分化しました。

　その具体的な方法として、メカニズムの解明は、「理論式仮説構築」「検証」「メカニズム解明」の3段階で進めます。

　第1ステップの「理論式仮説構築」では、対象の性能を表す理論式を探します。見つからない場合は、理論式の仮説を立てます。

　本事例では、ワーク位置に影響するのは「ワーク速度」と「射出角度」であろうと考え、その理論式を模索しました。その結果、物体落下時の理論式が該当すると推定しました。

　第2ステップの「検証」では、立てた仮説を実験によって確かめます。実験すると、必ず理論に当てはまる部分と当てはまらない部分が出てくるので、その差分となるパラメーターを探します。仮説を検証し、現実とのギャップを補正して、理論式が現実の結果と合うように修正していきます。

　この事例では、ワークをコンベアから射出し、落下の状況をハイスピードカメラを用いて撮影し、スピードや位置を測定する実験を行いました。条件を変えながら何度も実験し、理論式による結果と実験結果の差分をパ

ラメーターとして取得します。理論式に補正を加えていくことで、実験を
しなくても理論式によるシミュレーションだけで実験に極めて近い解答を
出せるレベルまで精度を高めていきます。

　そこで、第3ステップの「メカニズム解明」に入ります。この事例では、
理論式を現実に合うように補正できるパラメーターをしっかりと見つけ出
すことができました。これにより、このメカニズムを「ワーク位置＝f
（ワーク速度、射出角度）」というモデルで表すことができました。

　次に、「ワーク位置の照度」に対しても同様の細分化を検討しました。
　前述した3つのステップに沿ってワーク位置の照度に関しても検討を進
めました。
　まず第1ステップで理論式を構築します。ワーク位置の照度に影響する
のは「光源の発光量」と「光源周囲の温度」であろうと考え、理論式を探
しました。その一方で、「筐体内温度」の影響は受けないという仮説を立
てました。
　ここで、「光源周囲の温度の影響は受けるが、筐体内温度の影響は受け
ない」という仮説をなぜ立てたのか。その理由を紹介するには、本事例の
背景を説明しなければなりません。
　もともと、この製品を実験所で開発していたときには、同製品は何の問
題なく機能していました。しかし、いざ現場に設置してみたところ、ワー
ク位置の照度が下がってしまったのです。その理由を解明しようとしたの
が、この事例の発端です。
　現場は、青森県にある水産加工場でした。気温がとても低い場所だった
ので、照度が下がった原因は光源周囲の温度ではないかと推定しました。
そこで、光源を筐体で囲って光源周囲の温度を厳密に管理できれば、照度
は下がらないだろうと考えたわけです。
　しかし、光源からワークまでには距離があります。もし、光源から放た
れた光がワークに届くまでの間に周囲の温度の影響を受けて照度が下がる
ようであれば、別途、新たな要因を検討しなければならなくなります。し

図表3-9　事例2：画像処理検査装置（「細分化」後）

	性能				
	画像撮影精度				
	ワーク位置		ワーク位置の照度		筐体内温度
	ワーク速度	射出角度	光源の発光量	光源周囲の温度	
ワーク搬送用モーター	3			4	4
スクレイパー		3			モジュールA
ランプ			4	4	4
基盤				4	4
装置筐体				4	4
装置筐体内用ファン				4	4

（左端に縦書き：部位）

かし、それはない、つまり「光源周囲の温度の影響は受けるが、筐体内（水産加工場の室内）の温度の影響は受けない」という仮説の下でモデル化を進めることにしたわけです。

　さて、第2ステップの「検証」では、「光源周囲の温度」と「筐体内温度」がワーク位置の照度に与える影響を実験によって測定し、実験結果と理論式のギャップ分析を行いました。これにより、実験結果とシミュレーションによる結果との差分を補正できるパラメーターを獲得しました。そして、「光源周囲の温度の影響は受けるが、筐体内の温度の影響は受けない」という仮説の下で、実験を行いました。

　第3ステップの「メカニズム解明」では、「ワーク位置の照度＝f（光源の発光量、光源周囲の温度）」というモデルを確立し、そのメカニズムと理論式が当てはまる条件を探しました。その結果、筐体内の温度はワーク位置の照度に影響しないという仮説は正しかったことが確認されました。

　以上の2つの「細分化」検討の末、図表3-8における部品×性能マップは図表3-9のように変化しました。

ワーク位置については、それを規定する性能をワーク搬送用モーターに紐づく「ワーク速度」とスクレイパーに紐づく「射出角度」に細分化し、評価レベルを「4」から「3」へ進化させることができました。

ワーク位置の照度については、ランプに紐づく「光源の発光量」と多数部品に紐づく「光源周囲の温度」に細分化することができました。

この段階では「細分化」のみを実施し、スクレイパーのみをモジュールとして切り出せる状態となっていますが、この事例では加えて「責任分担化」も実施しています。そちらについては、この後の手法3「責任分担化」の説明の後、再度本事例を用いて解説します。

③責任分担化

「責任分担化」とは、特定の部品に代表させて特定の性能の責任を持たせ、他の部品を省略する手法を言います（図表3-10）。

図表3-10の性能aを見てみましょう。この列を縦に見ていくと、部品Dの影響度だけが「大」で、それ以外の部品は「中」か「小」になっています。このように、ある性能に対して特定の部品の影響が突出して大きい場合、その部品にその性能を代表させる形で責任を持たせられる場合があります。この手法を「責任分担化」と呼んでいます。このケースであれば、性能aの責任を部品D-1と部品D-2に持たせるわけです。

責任を持たせた部品のみを検討材料とし、他の部品の影響を無視する（性能aに影響する部品はD-1・D-2のみとみなす）ことで、開発をシンプルにすることができます。開発期間の大幅な短縮と高いコスト効果が期待できます。

同様に、図表3-10の性能gの列を縦に見ていくと、部品Bの影響度だけが「大」で、部品Aは「中」、それ以外の部品はすべて「小」です。この場合は、責任分担化によって部品B-1と部品B-2に性能gの責任を持たせていくことになります。性能kについても同様です。

責任分担化を進めれば、さらなるモジュール化も可能になってきます。この事例で責任分担化を進めた結果、「部位×性能マップ」は図表3-10で

図表3-10　手法3「責任分担化」

部位	ユニット	部品		性能A-1 a	性能A-1 b	性能A-1 c	性能A-2 d	性能A-2 e	性能A-3 f	性能A-3 g	性能A-3 h	性能A-3 i	性能A-4 j	性能A-4 k
部位	ユニットA	部品A	A-1	小	1		小	小		中			モジュールP	
			A-2	小			小	小		中				
		部品B	B-1	小	1	大	小	小		大				
			B-2	小		大	小	小		大				
	ユニットB	部品C	C-1	中					小	1			モジュールQ	小
			C-2	中					小	1				小
		部品D	D-1	大					小	1	大		モジュールR	小
			D-2	大					小	1	大			小
		部品E	E-1	中					大	小			モジュールS	大
			E-2	中					大	小			大	大
		部品F											大	小

【凡例】1：シミュレーション評価へ移行可能／2：シミュレーション評価の技術が不足／3：一部機種について実機評価必須／4：全機種について実機評価必須／大：部位の性能への影響が大きい／中：部位の性能への影響が中程度／小：部位の性能への影響が小さい

　グレーとなっているマスのようにシンプルになり、P、Q、R、Sという4つのモジュールに切り出すことができました。

　これまでの手法と同様に、モジュールを切り出し「一部モジュラー型」とすることで、製品全体を組み合わせる試作と機能評価試験が不要になり、開発工数を削減できます。

責任分担化の事例：画像処理検査装置の画像撮影精度

　ここで、先ほど解説した画像処理検査装置の事例を紹介します。先述のとおり、この事例では先ほどの「細分化」に続いて「責任分担化」を行いました。

　「細分化」事例の部分で述べた通り、ワーク位置の照度には光源周囲の温度が影響することがわかりました。そこで、光源周囲の温度を管理できる状態にするため、光源を筐体で囲って光源周囲の温度管理を厳密化しました。その結果、「ランプ」にあたる部位を構成する部品の点数が増えま

図表 3-11　事例２：画像処理検査装置（「責任分担化」後）

部位		部品	性能				
			画像撮影精度				筐体内温度
			ワーク位置		ワーク位置の照度		
			ワーク速度	射出角度	光源の発光量	光源周囲の温度	
投入装置		ワーク搬送用モーター	3		モジュールB	4	4
		スクレイパー		3	モジュールA		
光源ユニット		光源			4	4	4
		温度センサー				4	4
		光源筐体			モジュールC	4	4
		光源筐体内用ファン				4	4
		筐体外と光源を結ぶ吸気路				4	4
		筐体外と光源を結ぶ排気路				4	4
基板		基盤				4	4
フレーム		装置筐体				4	4
		装置筐体内用ファン				4	

した（図表3-11）。

　以前の状態では、光源としては「ランプ」という単部品しかありませんでしたが（図表3-9）、それを筐体で囲って温度管理を行うシステムに変更したため、光源を囲うための筐体や、温度を測るための「温度センサー」、温度を管理するための「光源筐体内用ファン」などが加わり、合計6つの部品からなる「光源ユニット」という形に変わりました（図表3-11）。

　光源ユニットを筐体で囲み、他の空間の影響を受けなくしたため、これを1つの独立したモジュールとして扱うことが可能になります。さらに、「ワーク位置の照度」を光源ユニット単体で調整できる仕様にしたため、同ユニットにこの性能を代表させる「責任分担化」が可能になります。つまり今後、「ワーク位置の照度」は光源ユニットだけで制御すればよいことになります。

　これにより、図表3-11のとおり、画像撮影精度に関連する部品はモジュールA（スクレイパー）、モジュールB（ワーク搬送用モーター）、モジュールC（光源ユニット・全6部品）の3つのモジュールとして切り出す

ことが可能となり、「一部モジュラー型」への転換を実現したこととなります。

　水産加工場に設置して不具合が発生したことが発端となり、その課題を解決するために始まったプロジェクトでしたが、結果としてメカニズムの解明が進み、理論式も確立できました。その結果、開発プロセスにシミュレーションを大きく導入することができたのです。従来から行われてきた試作と機能評価試験を何度も行う必要がなくなり、開発のリードタイム短縮とコスト低減を同時に実現できました。開発メーカーにも製品のユーザーにも、大いにメリットをもたらす事例となりました。

「一部モジュラー型」転換のメリット

　以上、「完全擦り合わせ型」の状態から「一部モジュラー型」に転換するための3つの手法について解説しました。これら3つの手法を経て「一部モジュラー型」への転換を図ることで、開発にもたらされるメリットについて述べます。

　「一部モジュラー型」転換によって、大きくは設計上のメリットと製品展開上のメリットが考えられます。

　まず、設計上の主なメリットは2つあります。

　1つは「一次試作の削減」です。かつて（「完全擦り合わせ型」の状況）は影響するすべての部品を組み上げて実機試験を行わなければ、性能Aの評価ができませんでした。一部モジュラー型への転換が進めば、モジュールごとに単体で実機試験を行い、結果をモジュール間の関係式（モデル）に当てはめて計算することによって性能Aを評価できるようになります。実機試験を不要にすることは、開発期間とコストの削減に大きく寄与します。

　もう1つは「最終試作の工数減」です。一次試作による性能評価後、一部の部品に変更が生じた場合でも、当該部品が属するモジュールの単体試験だけで性能Aへの影響を評価できるようになります。部品を変更するた

びにいちいち全体を組み上げてテストする必要がなくなり、小回りの利く設計変更が可能になります。モジュールごとに部品設計の最適化を行い、最後に最終試作をすればよくなるので最終試作の精度も向上します。「完全擦り合わせ型」の状態では最終試作を何回か行っていたような製品でも、モジュラー化を進めた後は、1回の試作で狙いどおりの性能が出せるようになる例は非常に多くあります。

　次に、製品展開上のメリットとしては、2代目の機種を作る際の評価工数を削減できる点があります。通常、2代目の機種で部品をすべて新調するケースは少なく、一部だけを入れ替える場合が多いです。例えば、図表3-10における部品Aだけを入れ替える場合、モジュールPの単体試験のみで性能への影響を評価できます。「完全擦り合わせ型」の状態なら、部品Aのみの変更といえども全部品を組み合わせた実機試験が必要になります。この違いは大きいです。

　これらのメリットを3つの場面を想定し、場面ごとに場面1・2・3に整理します。

　第1の場面は「初代製品の一次試作評価実施時」、第2の場面は「部品変更が生じた場合」、第3の場面は、「2代目製品の製作時」です。「完全擦り合わせ型」ではどの場面においても、すべての部品を組み合わせた実機試験で評価する必要がありました。「一部モジュラー型」へ変革することで、性能評価をモジュールごとに行えばよくなり、場面1では"一次試作の削減"、場面2では"最終試作の工数減"、場面3では"2代目機種の評価削減"といった成果を得られます。

　これを具体的な開発事例で見ていきましょう。

【場面1】初代製品の一次試作評価実施時

　まずは、場面1です。前述の「部位×性能マップ」（図表3-2）を見てみましょう。

　現状は、「完全擦り合わせ型」の状態です。これを「一部モジュラー型」に変革すると、図表3-10のようになります。3つの手法を適材適所で適用

図表3-12　場面1・場面2・場面3における試験内容

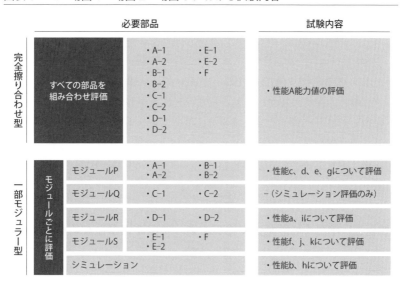

		必要部品		試験内容
完全擦り合わせ型	すべての部品を組み合わせ評価	・A-1　・A-2　・B-1　・B-2　・C-1　・C-2　・D-1　・D-2	・E-1　・E-2　・F	・性能A能力値の評価
一部モジュラー型	モジュールP	・A-1　・A-2	・B-1　・B-2	・性能c、d、e、gについて評価
	モジュールQ	・C-1	・C-2	－（シミュレーション評価のみ）
	モジュールR	・D-1	・D-2	・性能a、iについて評価
	モジュールS	・E-1　・E-2	・F	・性能f、j、kについて評価
	シミュレーション			・性能b、hについて評価

し、モジュールPからSまでの4つのモジュールに切り分けることができた状態です。

　「完全擦り合わせ型」だったものを「一部モジュラー型」にすることで、初代製品の一次試作を実施する際の状況（場面1）はどう変わるのでしょうか。それを比較したものが、図表3-12です。

　図表3-12の上段は「完全擦り合わせ型」の状態です。製品のメカニズムが解明されておらず、部品と性能の関係性がまったくわからないので、A-1からFまでの全部品を組み合わせて試作し、実機による試験をしなければ性能Aの評価ができません。

　「一部モジュラー型」に転じた後は、モジュールごとに関連する性能について単体試験を行えばよくなります。例えば、性能c、d、e、gに関する評価はモジュールP、性能aとiに関してはモジュールRという具合に、モジュールごとに単体試験で評価します。特に、モジュールQは性能hに影響しますが、これはシミュレーションだけで評価できます。図表3-10を

見ればわかるとおり、性能hと部品C-1、C-2の関係は4段階評価の「1」となっています。つまり、モデル化できているのでシミュレーションが可能です。コストをかけて実機を作る必要はありません。

「一部モジュラー型」では「完全擦り合わせ型」と比較して、モジュールごとの単体試験で機能を評価できますが、全体の試験の回数は増えます。分解した性能の数だけ試験をしなければならなくなるからです。

しかし、それでもモジュラー化のメリットは大きいと言えます。その理由は、次に説明する場面2や場面3で大幅に工数を削減できるからです。同時に、それらはアジャイル開発に向かうための重要なステップになっています。

【場面2】場面1の評価を実施した後、部品変更が生じた場合

場面2は、「場面1の評価を実施した後、部品変更が生じた場合」です。

場面1で一次試作を行った後、最終試作までの間に課題が見つかり、部品B-1に変更が発生した場合を想定します。

この場合、「完全擦り合わせ型」の状態なら、部品B-1の設計を変更した後でもう一度すべての部品を組み合わせて試作し、実機による機能評価試験で性能を確認する必要があります。それが一度で成功すればよいですが、再び問題が生じれば、設計変更を二度三度と繰り返し、そのたびに試作と全部品を組み合わせての機能評価が必要になるわけです。

「一部モジュラー型」になっていれば、部品B-1の変更に対してはモジュールP（部品B-1を含む）の性能c、d、e、gに関する実機試験と、性能bに関するシミュレーション評価をすればよいです。また、部品C-1が変更された場合を想定すると、性能hに関するシミュレーションのみで影響を確認できます。このように、モジュールごとの評価ができる（全部品組み合わせの必要がない）ことで細かな修正を加えながらの設計が可能となるため、最終試作の確度も高まっていきます。

【場面3】 初代製品を世に出した後、次の世代の製品を開発する場合

　場面3は、「初代製品を世に出した後、次の世代の製品を開発する場合」です。先代製品を構成する複数のモジュールを生かし、必要な部分だけを改良して次世代製品を開発するケースは多々あります。

　今回の事例では、初代のモジュールPとQをそのまま使う場合を想定します。

　何ら変更を加えないモジュールP、Qについては、何もする必要はありません。設計を変更するモジュールRとSについて、モジュールごとに結果を評価するだけで開発は完了します。具体的には、図表3-12の右下にある性能aとi、性能fとj、kについて実機試験を行い、性能hをシミュレーション評価するだけで、全体の性能Aへの影響を確認できるわけです。改めて全体を組み合わせ、実機テストをする必要もありません。

　「一部モジュラー型」への転換が実現できれば、モジュールごとに分けて開発し、モジュールごとに入れ替えることが可能になるのです。すべての部品を組み合わせて全体を試作し、評価試験を行う必要はありません。

　この事例で得られた具体的な成果を、図表3-13にまとめました。

　初代の製品を開発する際に、メカニズムを解明し、一部モジュラー化を進めます。これによって製品をモジュールに分解し、小さな単位で開発を進めることが可能になります。実機試験やシミュレーションもモジュールごとに行いますが、同時に製品全体への影響も評価しながら開発を進めることができます。

　「完全擦り合わせ型」の現状では、全部品を組み立てて一次試作を行い、機能評価試験を実施する必要がありました。最大組み合わせ部品数は全部ですから11、必要な評価数は1回となります（図表3-13）。この1回の評価で問題が出なければよいですが、問題が生じた場合には、少しずつ部品を変えて調整しながら何度も全部品を組み立てて評価しなければならない場合があります。その場合は、多数の試作と評価が必要になってきます。例えば全部品を調整しながら評価する必要があるときは、部品数と同等の11回評価が必要になる可能性もあります。

図表 3-13　一部モジュラー化：場面 1・場面 2・場面 3 における成果

想定場面		評価工数削減成果		
		全部品組み立て	最大組み合わせ部品数	必要評価数
現状（完全擦り合わせ型）		必要	11（実機試験）	1（11）※
場面1	初代の一次試作評価実施時	不要	4	11
場面2	部品変更が生じた場合（場面1の評価実施後）	不要	4	5
場面3	2代目制作時	不要	3	6

※性能未達の原因を確かめるため性能を分解し評価する場合、必要評価数は11（＝部品数）となる

　「一部モジュラー型」への転換を実現した場合、全部品を組み合わせての一次試作は不要になります。最大組み合わせ部品数は4（モジュールPの組み合わせ部品数）、必要評価数は11となりました。最低限必要な評価数が「完全擦り合わせ型」の場合より多いですが、場面2・場面3における評価／工数削減やアジャイル開発のために必要なステップとなります。

　一次試作を終えた後、部品B-1に変更が生じました。これが場面2です。また、2代目製品製作時に初代のモジュール（モジュールP・Q）を活用する場合、これが場面3です。

　これらの場面において、「完全擦り合わせ型」の状態では、たとえ部品1個の設計変更でも、全体を組み立てて機能評価試験を行い、影響を評価する必要があります。設計変更が複数回生じれば、その都度組み立てて、何度も試作する必要が出てきます。

　しかし、「一部モジュラー型」へ転換した場合は、全体を試作する必要はありません。図表3-13を見ると、必要な評価数は増えていますが、モジュールごとに分けて少ない部品数で小規模に評価しているので、問題や課題の発見は容易になっています。

図表3-14 「一部モジュラー型」における効果総括

現状	性能A のみ	・試験回数は1回のみ ・性能Aの評価を行う際は、いかなる場合でも全部品組み立ての必要がある ・不具合があった際にどの部品が原因か特定困難			
		モジュールP	モジュールQ	モジュールR	モジュールS	シミュレーション

			モジュールP	モジュールQ	モジュールR	モジュールS	シミュレーション
初代	一次試作評価	場面1	性能c 性能d 性能e 性能g	(シミュレーション)	性能a 性能i	性能f 性能j 性能k	性能b 性能h
初代	部品変更時	場面2	性能c 性能d 性能e 性能g	場面1の結果を使用			性能b
2代目	初代モジュール使用	場面3	初代の結果を使用		性能a 性能i	性能f 性能j 性能k	性能h

　この状況を整理し可視化すると、図表3-14のようになります。

　「完全擦り合わせ型」の現状では、試験回数は1回のみですが、性能Aの評価を行う際は、いかなる場合でも全部品を組み立てる必要があります。また、部品と性能の間のメカニズムが解明されていないので、不具合があった際にどの部品が原因かを特定することが困難です。どの部品の設計をどう変更すればよいかが明確にならないため、改善のために試行錯誤が必要になります。こうなると、試作回数が1回では済まなくなり、結果として試験回数も増加する可能性が高いです。

　しかし、一部モジュール化ができれば、場面1ではすべてのモジュールに関して機能評価試験を行う必要がありますが、場面2や場面3では、変更がないモジュールについては以前の結果をそのまま流用できるため、機能評価試験を省略できます。小回りが利き、全体として評価の回数を減らしていくことができます。

　開発プロセスを進化させるには、モジュラー化を進めることが前提となります。しかし、モジュラー化が極めて難しい場合、シミュレーションだけを導入することも可能な場合があります。シミュレーションを活用できれば、開発工数の削減が期待できます。

　例えば、図表3-15は「性能分解段階」の状態として紹介した図表3-2で「4」と評価されていた部分をさらに進化させ（シミュレーションを導入し）、性能iの評価以外を「3」にできた状態です（「4」から「3」への変更箇所をグレーで表示）。「3」とは、「一部機種について実機試験必須」（全機種についての実機試験は不要）の状態を表します。

　メカニズムが解明されたわけではありませんが、例えば性能Aに関して上位、中位、下位の製品があった場合に、上位と下位について実機試験を行えば、中位の製品の実機試験を省略できる、あるいはシミュレーションで代替できるような場合です。

　このように、「4」を「3」にできるとどのようなメリットがあるのでしょうか。それを示したのが図表3-16です。

　図表3-16の上段が「4」の状態で、下段がそれを「3」にできたと仮定した場合の機能評価試験の状況を示しています。現状では性能bと性能hのみCAE（シミュレーション）で評価可能ですが、それ以外はすべて実機試験が必要になっています。特に性能aと性能gは、部品AからEまでを組み合わせた実機試験が求められます。

　しかし、「3」移行後は、「3」に移行した性能評価について、それまで必要だった実機試験がすべて「一部実機試験」に変換されています。部品Dによる性能iの評価だけは、以前と同様に実機試験が必要になっているという想定です。

　これを、改めて場面1（一次試作評価実施時）と場面2（設計変更が生

図表 3-15 シミュレーション活用（「4」を「3」へ）

			性能											
			性能 A											
			A-1			A-2		A-3				A-4	
			a	b	c	d	e	f	g	h	i	j	k
部位	ユニット A	部品 A	A-1	3	1		3	3		3				
			A-2	3	1		3	3		3				
		部品 B	B-1	3	1	3	3	3		3				
			B-2	3	1		3	3		3				
	ユニット B	部品 C	C-1	3						3	1			3
			C-2	3						3	1			3
		部品 D	D-1	3							1	4		3
			D-2	3							1	4		3
		部品 E	E-1	3					3	3			3	3
			E-2	3					3	3			3	3
		部品 F											3	3

じたとき）で考えてみましょう。なお、シミュレーション活用により、これまで場面3として説明していた製品展開の観点で初代開発時から2代目開発時への承継といった時間軸での効果は見込まれませんが、2代目機種においても初代開発時と同様の効果（2代目機種における場面1・場面2）は得ることができます。

場面1の状態を図表3-17に示します。

「完全擦り合わせ型」では、全機種について試作と実機による評価が必要になっています。しかし、「4」を「3」に移行できた後は、性能i（部品D-1、D-2）についてのみ全機種について実機評価が必要になりますが、性能a、c、d、e、f、g、j、kについては一部機種だけの実機評価でよくなっています。性能bとhはシミュレーションで対応可能です。モジュラー化ができていないので、試作と実機評価は必要になりますが、全機種について行う必要はないわけです。

次に場面2です。部品B-1が変更になったと仮定すると、部品B-1が関連するのは性能a、c、d、e、g、bのみなので、その部分だけを試作し、実

図表 3-16 シミュレーション活用効果

性能分解段階

凡例		
CAE評価		
一部実機試験		
実機試験		

				性能		
				性能A		
				性能A-1		
				a	b	c
				4	1	4
部位	ユニットA	部品A	A-1			
			A-2			
		部品B	B-1			
			B-2			
	ユニットB	部品C	C-1			
			C-2			
		部品D	D-1			
			D-2			
		部品E	E-1			
			E-2			
		部品F				

「3」移行後

				性能		
				性能A		
				性能A-1		
				a	b	c
				3	1	3
部位	ユニットA	部品A	A-1			
			A-2			
		部品B	B-1			
			B-2			
	ユニットB	部品C	C-1			
			C-2			
		部品D	D-1			
			D-2			
		部品E	E-1			
			E-2			
		部品F				

機による機能評価をすればよくなります。また、性能a、c、d、e、gについては、一部機種のみの評価で済みます。評価試験がかなり簡易化されていることがわかります。

　加えて、評価プロセスを変更するとさらに設計効率の向上が図れます。評価プロセスを変更とは、例えば機能評価試験の順番を入れ替えるなどです。性能aから性能kまで、すべて順番に評価しなければならないわけではありません。重要度の高い性能評価を先に実施すれば、その分、課題の発見と解決や設計変更のための時間を長く取れます。重要度の高い順にテストを行うとよいです。また、性能d、e、i、jなど関係する部品点数が少

136

性能								
性能 A-2		性能 A-3				性能 A-4		
d	e	f	g	h	i	j	k	
4	4	4	4	1	4	4	4	

性能								
性能 A-2		性能 A-3				性能 A-4		
d	e	f	g	h	i	j	k	
3	3	3	3	1	4	3	3	

なく、試作が容易なものを先にスケジュールすることで、待ち時間を減らすことができます。

以上の結果をまとめると、図表3-18のようになります。

「完全擦り合わせ型」の現状では全部品の組み立てが必要で、この事例では最大組み合わせ部品点数は11となっています。シミュレーションが可能となり全機種の評価が不要になると、今回のケースでは場面1や場面2において全部品の組み立ては不要になり、最大組み合わせ部品数も減らすことできます。

ただし、評価項目のどこかに全部品が関連する場合、全機種の評価は不

図表 3-17　場面別のシミュレーション活用効果

	試験内容	必要部品		実機試験対象機種
完全擦り合わせ型	・性能A能力値の評価	すべての部品を組み合わせ評価	・A-1　・D-1 ・A-2　・D-2 ・B-1　・E-1 ・B-2　・E-2 ・C-1　・F ・C-2	全機種
「3」移行後	性能i	各性能評価に必要な部品を組み合わせる	D-1, D-2	全機種
	性能a		A-1, A-2, B-1, B-2, C-1, C-2, D-1, D-2, E-1, E-2	一部機種
	性能c		B-1, B-2	
	性能d		A-1, A-2, B-1, B-2	
	性能e		A-1, A-2, B-1, B-2	
	性能f		E-1, E-2	
	性能g		A-1, A-2, B-1, B-2, C-1, C-2, D-1, D-2, E-1, E-2	
	性能j		E-1, E-2, F	
	性能k		C-1, C-2, D-1, D-2, E-1, E-2, F	
	性能b		シミュレーション	（シミュレーション）
	性能h		シミュレーション	

図表 3-18　シミュレーション活用：場面1・場面2における成果

想定場面		評価工数削減成果				
		全部品組み立て	最大組み合わせ部品数	必要評価数		
				全機種	一部機種	シミュレーション
現状（完全擦り合わせ型）		必要	11 （実機試験）	1 (11)※	0	0
場面1	初代の一次試作評価実施時	不要	10	1	8	2
場面2	部品変更が生じた場合 （場面1の評価実施後）	不要	10	0	5	1

※性能未達の原因を確かめるため性能を分解し評価する場合、必要評価数は11（＝部品数）となる

要となるものの、全部品の組み立ては必要となる場合があります。

　以上、モジュラー化を進めることが難しい場合に、シミュレーションを可能とし一部機種の評価のみを実施することで実機試験の回数を減らし、開発工数を削減できることを解説しました。

　とはいえ、モジュラー化をせずにシミュレーションを入れるだけでは、上述のとおり、結局全部品組み立てが必要となる可能性も想定され、大きな効果は期待できないことがわかります。次項では、「一部モジュラー化」と「シミュレーション活用」を組み合わせたハイブリッド型を取り上げ、どのような効果が期待できるかについて解説します。

---

5 ▶ ハイブリッド型（一部モジュラー化×シミュレーション活用）

　「一部モジュラー化」と「シミュレーション活用」を組み合わせることで、目覚ましい効果が表れる場合があります。前項でシミュレーションを導入した事例を使い、そこにモジュラー化が可能になった場合にどうなるかについて解説します（図表3-19）。

　前項で見たように、「4」と評価されていた部分を「3」に変更したうえ、図表3-10のとおり「責任分担化」により、太線で囲んだような形で、4つのモジュールに分解できた場合を想定します。これが、一部モジュラー化とシミュレーションが可能になったハイブリッド型の状況です。

　これについて機能評価試験の状況を考えると、ハイブリッド型になったことで、全部品を組み合わせた全機試験が不要になり、かつモジュール内の単体試験にシミュレーションを導入できるようになりました。機能評価試験がかなり簡易化されています。

　例えば、部品Aと部品Bからなるモジュールを見てみましょう。性能bに関しては「1」のためCAEによるシミュレーションが可能です。性能c、

図表 3-19 「ハイブリッド型」実施時

				a	b	c	d	e	f	g	h	i	j	k
				性能A-1			性能A-2		性能A-3				性能A-4	
部位	ユニットA	部品A	A-1		1		3	3						
			A-2		1		3	3						
		部品B	B-1		1	3	3	3		3				
			B-2		1	3	3			3				
	ユニットB	部品C	C-1								1			
			C-2								1			
		部品D	D-1	3							1	大		
			D-2	3							1	大		
		部品E	E-1						3				3	3
			E-2						3				3	3
		部品F											3	

表上部見出し：性能 > 性能A（性能A-1：a, b, c／性能A-2：d, e／性能A-3：f, g, h, i／性能A-4：j, k）

　d、e、gに関しては、部品A-1からB-2までの4つの部品のみを組み合わせた実機試験を一部機種についてのみ行います（中間機種などについてはシミュレーションで代替）。

　部品C-1からなるモジュールは実機試験不要となり、シミュレーションのみで評価できます。そのすぐ下の部品Dのモジュールは、性能aと性能iの単体試験によってモジュールの機能評価が可能です。性能iについては全機種について実機試験が必要になりますが、性能aは一部機種についての試験で済みます。

　これを場面ごとに整理してみます。図表3-20は、初代機種の開発で一次試作と機能評価に関する現状と「一部モジュラー化」と「シミュレーション活用」の双方を実現した場合の比較です。場面1のケースになります。

　「完全擦り合わせ型」の現状では、各性能を評価するためにすべての部品を組み合わせた実機を試作しなければなりません。1回の試作でうまくいけばよいですが、そこで不具合が見つかった場合には、解決が必要になります。

　設計を変更したら、性能への影響を確認するための施策と実機試験が必

		必要部品		試験内容／対象	
完全擦り合わせ型		すべての部品を組み合わせ評価	・A-1　・D-1 ・A-2　・D-2 ・B-1　・E-1 ・B-2　・E-2 ・C-1 ・C-2　・F	・性能A能力値の評価	
ハイブリッド型（一部モジュラー化・「3」移行）	モジュールごとに評価	モジュールP	・A-1 ・A-2 ・B-1 ・B-2	性能c	一部機種
				性能d	一部機種
				性能e	一部機種
				性能g	一部機種
		モジュールQ	・C-1　・C-2	－（シミュレーション）	－
		モジュールR	・D-1　・D-2	性能a	一部機種
				性能i	全機種
		モジュールS	・E-1 ・E-2 ・F	性能f	一部機種
				性能j	一部機種
				性能k	一部機種
		シミュレーション		性能b	－（シミュレーション）
				性能h	－（シミュレーション）

要になります。その結果、何度も試作と試験を繰り返す状態になる可能性もあるわけです。

　モジュラー化を進めた場合には、モジュールに分けて開発することが可能になります。

　全部品を組み合わせた実機評価は不要です。その上、シミュレーションを活用して「4」から「3」に移行できた場合、モジュールP、R、Sでは、性能iの評価以外はすべて一部機種の実機評価だけで済み、性能bとhについてはシミュレーションだけで性能を評価できます。

　このように「一部モジュラー化」と「シミュレーション活用」のハイブリッドでは、「一部モジュラー化」だけの場合よりもさらに評価対象機種を削減できます。また、シミュレーション活用のみの場合と比較すると、組み合わせ部品の点数を削減できます。

　「一部モジュラー型」の場合と同様、「完全擦り合わせ型」の実機評価で

不具合がゼロだった場合には、1回の評価試験で完了できるため、評価工数をハイブリッド型より少なくできます。しかし、次に説明する場面2や場面3までを勘案すると、全体としてはハイブリッド型の方が工数を削減できる可能性が高いです。

　また、繰り返しになりますが、もし「完全擦り合わせ型」の実機評価で不具合が見つかった場合には、全部品を組み合わせた実機評価を複数回行う必要が生じ、しかも原因究明や設計変更に時間とコストがかかる可能性が高いため、ハイブリッド型の方が圧倒的に有利になります。

　場面2においては、前述のケース同様部品B-1の設計が変更になった場合を想定します。「完全擦り合わせ型」では、設計変更後に再び全部品を組み合わせた実機評価が必要になります。ハイブリッド型では、部品B-1が含まれるモジュールPの機能評価だけを行えば影響を評価できます。ハイブリッド型では、設計変更した部品が含まれるモジュールのみをテストすればよく、変更のないモジュールはそのまま使えるため、評価工数は全体的に下がります。

　同様に、場面3でもハイブリッド型の方が評価工数が下がります。ここでは、前述のケース同様モジュールPとQを生かして2代目機種を開発する場合を想定しています。

　初代機種をモジュラー化できているので、2代目の開発で変更のないモジュールはそのまま生かせます。すなわち、変更するモジュールRとSに関して、性能a、i、f、j、kへの影響を評価し、初代機種で行った機能評価の結果と差し替えればよいわけです。この場合、性能a、f、j、kの評価については、一部機種の評価のみで完了できます。

　以上をまとめると、図表3-21のようになります。

　現状とハイブリッド型で、想定場面ごとの評価工数削減効果についてまとめています。「一部モジュラー化」と「シミュレーション活用」を組み合わせたハイブリッド型では、片方のみを導入するよりもさらに評価工数を削減でき、開発を有利に進めることができます。

図表 3-21　ハイブリッド型：場面 1・場面 2・場面 3における成果

想定場面		評価工数削減成果				
		全部品組み立て	最大組み合わせ部品数	必要評価数		
				全機種	一部機種	シミュレーション
現状（完全擦り合わせ型）		必要	11(実機試験)	1(11)※	0	0
場面1	初代の一次試作評価実施時	不要	10	1	8	2
場面2	部品変更が生じた場合(場面1の評価実施後)	不要	10	0	5	1
場面3	2代目製作時	不要	3	1	4	1

※性能未達の原因を確かめるため性能を分解し評価する場合、必要評価数は11（＝部品数）となる

　一次試作で何の不具合も出なかった場合、評価工数だけを見れば、「完全擦り合わせ型」でも大きなロスはないように見えますが、そのようなケースは稀です。通常は何らかの不具合が見つかり、設計変更して試作して検証するというループを何度も繰り返すことになるわけです。

　しかも設計を1カ所変更すると、それが別の部品に影響することがよくあります。その影響によって、前の試作では見られなかった新たな課題が生まれ、その対策をすると、また新たな課題が生まれ、課題対策の無限ループに陥るような事態も考えられます。

　また、自動車や産業機械の部品メーカーなどでは、開発に入った後で顧客企業から設計変更の依頼が来ることもよくあります。

　理由はともあれ、開発には変更がつきものです。変更が生じるたびに、全部品を組み合わせて試作と実機試験を繰り返さなければならない「完全擦り合わせ型」では、開発期間は延びる一方であり、コストはどんどん上がっていきます。

変更や修正に強い開発体制を作るためには、「一部モジュラー化」「シミュレーション活用」それらの複合型である「ハイブリッド型」をうまく導入して開発プロセスを進化させる必要があります。そのために、繰り返し議論を尽くしてきました。

　これらを実施することで、設計変更にも少ない工数で対応でき、2代目以降の機種や製品ラインアップを増やすような開発を有利に進められるようになります。

第 4 章

"プロセス"視点の進化：
フロントローディング

製品開発の変革は"モノ"視点＝製品アーキテクチャーと"プロセス"視点＝開発プロセスの2つの側面から捉える必要があります。前章では製品アーキテクチャーについて、メカニズムの解明を進め、モジュラー化を実現する方法について詳しく解説しました。ここからは、もう1つの軸である開発プロセスについて見ていきます。従来型のウォーターフォール開発をどのように進化させていけばよいのか。開発プロセスは、フロントローディングからアジャイル開発に進化させていくとして、本章では、まずはフロントローディングの進め方や事例について見ていきます。

1 ▶ フロントローディングの進め方

　フロントローディング、つまり、課題の抽出と解決の早期化は、現状把握、目標設定、施策立案、施策実行のサイクルを繰り返すことで実現します。

　まず行うのは、「現状把握」です。開発工程別に、どれくらいの工数を投入しているか、どれくらいの数と質の問題が発生しているか、どれくらいの課題を発見しているか、どれくらいの課題を解決しているか、といった実態を詳しく把握します（図表4-1）。

　次に、「目標設定」に入ります。現状把握の結果を踏まえ、事業上の要請を勘案し、開発工程別に問題発生、投入工数、課題発見、課題解決についてそれぞれの目標を設定します。

　続く「施策立案」では、課題の発見と解決を早期化するための施策を立てます。施策には、個別プロジェクトでやるべき施策と会社の仕組みとしてやるべき施策の2種類があります。施策の効果を試算し、施策の妥当性を検証しておきます。

　続いて「施策実行」に移りますが、開発の初期段階では顧客の要求が変化するかもしれないとか、製造方法がまったく見えていないなど、不確実なことが多く、確度の高い施策にはなりません。特に、初めて行うような施策は困難になります。不確実性が高い中で責任を負わされることに抵抗を示す人が出てくることも想定されます。そうした中で施策を進めるためには、会社の方で何らかのサポートを考えるなどの支援が必要になる場合が多いです。

　施策を実行したら、最初の「現状把握」に戻り、結果を把握します。このサイクルを繰り返し、徐々に完成度を上げていくことになります。

　課題の早期発見、課題解決、問題発生に関する具体例を図表4-2に示します。図中の例にある○の行のボックスは、問題が表出する前に早期に発見できた課題とその解決策を示しています。これらは、課題の発見と解決

図表 4-1　フロントローディングの進め方

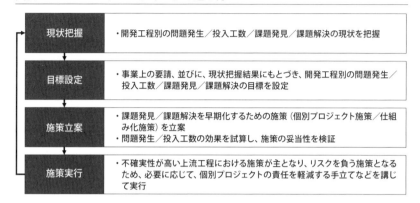

図表 4-2　課題発見／課題解決／問題発生の具体例

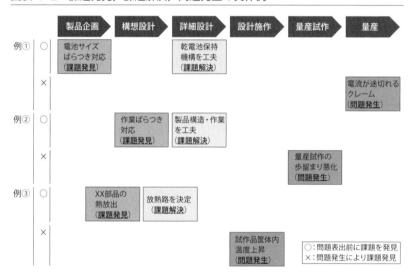

に成功できたケースであり、フロントローディングが機能した事例です。

　一方、×の行のボックスは、そうした事前の課題発見と対策ができなかったケースです。すなわち、従来型の開発プロセスでよく起きていたことを述べています。

事例 電流測定器の新興国向け輸出

最初は、国内向けに生産している電流測定器をある新興国向けに開発し、輸出しようとしたプロジェクトで発生した事例です。

日本市場でのみ製品を出している時は課題になったことはなかった乾電池の装填機構が課題となりました。その新興国で市販されている乾電池は、日本で生産されている乾電池ほど形状やサイズが均一ではなく、ばらつきが大きいためです。日本市場と新興国市場の使用環境の差異を徹底的に分析し、同製品を新興国市場に展開する際には、市販の乾電池の形状やサイズのばらつきへの対応が必要ということに、製品企画の段階で気づくことができました。

その解決策は、詳細設計において日本市場向けの製品よりも強く長いバネにすることです。乾電池の保持機構を工夫して新興国での乾電池の寸法のばらつきに対応しました。この事例では、この対策によって新興国市場での問題を未然に防ぐことができました。

企画の段階でこうした課題発見と解決ができなかった場合、どうなるのでしょうか。それが、図表4-2の例①の「×」の行に見られるボックスです。

量産して市場に出した後に電流が途切れる品質問題が発生し、慌てることになります。原因を究明してみたら、乾電池の保持が緩い場合があることに気づきます。なぜ緩いのかと言えば、新興国で販売されている乾電池のサイズにばらつきがあったからだと、そのとき初めてわかるわけです。

後工程、あるいは市場に出した後で初めて課題に気づくというのが、フロントローディングが失敗している事例になります。設計変更が必要になるだけでなく、すでに購入しているユーザーへの説明と対応が必要になり、場合によっては製品を市場から回収しなければならなくなります。設計段階でわかっていれば容易に解決できた課題ですが、課題の発見が遅れたために、対策に多大なコストと労力が発生します。

事例 医療器具の設計変更

次は、医療器具の海外生産に際して、生産する工場によって設計を変えなければならなかった事例です。日本の工場では課題にならなかったことが、海外での生産を始める際に課題になりました。現地で働く作業者に適した作業設計が必要になるということを、構想設計の段階で把握できた事例です。

国内で生産していた製品を海外で生産する際には、日本国内のように作業者の手先が器用ではない場合があり、同じ品質レベルで組み立て作業ができるとは限りません。組み立て作業のスキルレベルを考慮して設計を変更しなければならないケースが多々あります。より生産しやすくなるように、作業ばらつきを起こすような製品構造や、間違えやすい作業工程を排除する必要があります。

例えば、あらゆる部品を上から真っすぐに挿入できるようにします。斜めから部品を入れて固定するような作業の難しい構造は、なるべく排除しておきます。こうすれば、海外の工場で組み立てても品質問題は発生しにくくなります。

国内で設計して日本以外で量産試作を試みた途端、急に歩留まりが悪くなり、その原因を探ってみたら、斜めに入れている部品がうまく固定されていないケースが頻発していたという話も耳にします。

これも、構想設計の段階で課題に気づくことができれば、詳細設計で品質を作り込むことができます。しかしそれができない場合、例②のボックスに書いたように、工場で量産試作をする段階になって問題が発生し、そこから原因を究明して対処しなければならなくなります。

事例 電子計測器での部品配置・放熱ルートの確保

排熱がうまくいかず、製品の性能がばらつくことが設計段階でわかった事例です。電子計測器において、複数の部品が発生する熱を、うまく筐体

の外に排出する設計が不十分でした。この課題を製品企画や構想設計の段階で発見できたため、詳細設計で主要部品の配置と放熱ルートを確保し、問題の発生を未然に防ぐことができました。

　もし、開発プロセスの早い段階でこの課題に気づけなかった場合、例③の「×」の行のような結果になります。熱の課題に気づかずに詳細設計を完成させてしまい、試作試験の段階で排熱による問題が起きます。原因が排熱のための空気の流路にあることがわかると、構想設計まで戻って最初の部品配置からやり直す必要が出てくる場合もあります。一度は完成まで漕ぎ着けた詳細設計のほとんどが無駄になり、開発期間が延びてしまうわけです。

フロントローディングの指標、効果

　開発プロセスの早い段階で課題に気づき、後工程で問題として発覚する前に対策を施しておけば、大きな手戻りを未然に防ぎ、開発にかかるコストと時間を大幅に削減することが可能になります。

　これらの課題については、次に示すような指標・効果を用いて可視化できます。
　　①工程別問題発生件数
　　②工程別投入工数
　　③工程別課題解決率
　　④工程別課題発見率

①工程別問題発生件数

　縦軸に問題発生件数、横軸に工程（時間軸）を取って、両者の関係を、図表4-3に示しました。

　後工程の試作や量産開始後の品質検査において問題が発生する従来型の開発プロセスが山が右のグラフ、フロントローディングの考え方を導入し、進化させた開発プロセスが山が左のグラフになります。

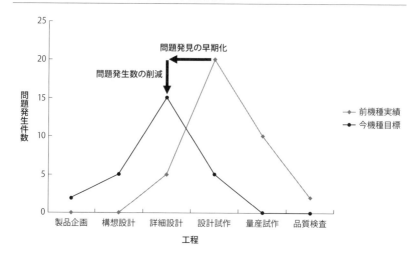

フロントローディングができていない従来型の開発プロセスでは、製品企画から構想設計、詳細設計へ進む過程で少しずつ問題が発生しますが、設計試作で実際にモノを作ってみて、本格的に問題が発生します。それでもすべての問題を出し尽くすことはできず、その後の量産試作や品質検査の段階になって新たな問題が見つかり、大きな手戻りが発生することになります。

　この状態を改善するためにまず行うべきことは、詳しい現状分析です。例えば、開発工程を詳細に定義している企業なら、問題発生件数の実態を工程別に詳しく把握します。それを基に、改善のための目標と施策を立て、実施していくわけです。

　左側の折れ線は、こうした開発プロセスが改善された状態を示しています。まずわかることは、問題発生のピークが、設計試作から詳細設計へ前倒しされていることです。量産試作の段階までには、ほとんどの問題が出尽くしており、品質検査は問題発見よりも機能や性能の最終確認といった意味合いが強くなります。

　また、グラフの山の高さも、フロントローディングを行った場合、従来

の開発プロセスより低くなっています。つまり、問題の発生件数が減っているわけです。課題を早期に発見し、設計の段階で品質を作り込むことができれば、後に発生する問題の数を減らすこともできます。

　グラフが左へ移動すればするほど、問題の発生が早期化され、山の高さが低くなればなるほど、問題の発生件数が削減されることになります。改善の目標を立てる際は、グラフがなるべく左に移動し、山が低くなるように考えていくことが基本になります。

②工程別投入工数

　投入工数の推移に関する検討も、併せて行う必要があります。そのコンセプトを示したのが、図表4-4です。

　前機種の実績を表すグラフを見ると、投入工数は後工程に行くほど大きくなっています。これはつまり、開発の前工程より後工程の方に工数がかかっており、そのピークは量産試作にあることを示しています。量産試作で問題が多数発生し、対処が必要になっていたことを物語ります。

　その反省を踏まえ、今機種の目標としては、前工程に工数をかけることで、後工程で問題が起こらないようにしていくことになります。そのためには、綿密な現状把握と目標設定が必要になります。

　前機種実績のグラフの現状を、今機種目標のグラフのように変えていくには、あらゆる課題をどれくらいまでに解決できていればよいのでしょうか。

　例えば、量産試作で問題を起こさずスムーズに進めるためには、設計試作の段階までに主要な課題を発見し、解決しておく必要があります。そして、設計試作で問題を起こさないためには、詳細設計までに課題を解決しておくべきです。このように、開発の早い段階で工数をかけ、課題を抽出、対応しておくことで、後工程での問題発生と工数の増加を防ぐことができます。

図表 4-4　投入工数の現状把握と目標設定

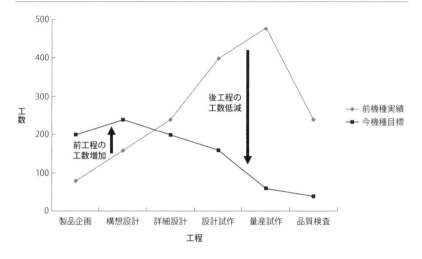

③工程別課題解決率

　次に、どんな課題をいつまでに解決しておくべきか、そのためにはどのような検討やシミュレーションが必要になるかを検討します。その概念を表したのが、図表4-5になります。縦軸に課題解決率、横軸に工程を取っています。

　上のグラフが前機種の実績、下のグラフが今機種の目標です。最終的に品質検査の段階で課題解決率100％を目指すことは変わりませんが、今機種では前機種より前倒しで課題解決をしていくことを目標に掲げています。

　課題解決が後工程に集中していた前機種に比べると、起点と終点は同じでも、今機種目標の方が途中の線の膨らみ方が早い段階で上側に大きく膨らんでおり、量産試作の前段階で90％以上の課題解決を終えていることがわかります。

　設計段階でなるべく多くの課題を発見、解決しておくためには、すべての課題を課題管理表で可視化し、何が解決し、何が解決していないのかを把握しながら工程を漏れなく進めていく必要があります。

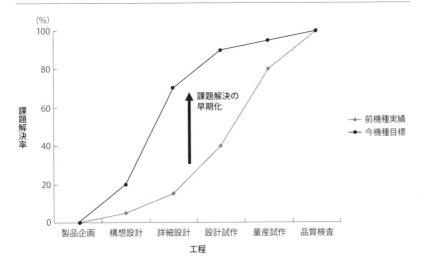

④**工程別課題発見率**

　また早期に課題を解決するには、当然ながら課題の発見も早期化する必要があります。図表4-6は、課題発見の推移を表したものです。縦軸に課題発見率、横軸に工程を取っています。

　課題を早く発見すれば、それだけ早く低コストで解決できます。設計の段階であれば、コストをほとんどかけずに何度でも変更が可能なので、できれば設計段階であらゆる課題を発見、解決しておきたいところです。

　最終的な品質検査の段階での課題発見率を100％とすると、先ほどの課題解決率のグラフのように、前機種の実績を今機種目標のように変革し、課題発見の早期化を実現するための様々な施策を展開していく必要があります。

　開発の出発点となる製品企画の段階での課題発見率を見ると、前機種のグラフは低く始まっていますが、今機種の目標となるグラフは20％の地点からスタートしていることがわかります。これは、過去の経験から類推できる課題を最初から出しておくことを意味します。過去の経験を活用すれ

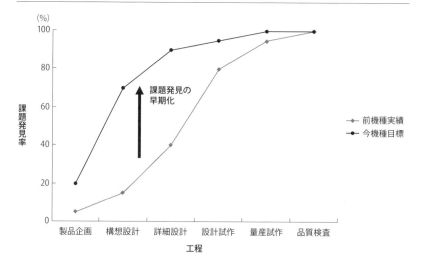

図表4-6 課題発見の現状把握と目標設定

ば、20％程度の課題は開発のスタート時点で検討しておけるというわけです。

2 課題発見を抜け漏れなく行う4つの手法

　課題発見を効率的に行うには、どうすればよいのでしょうか。当然ですが、発見しようと努力しなければ、課題は発見できません。最も原始的な方法としては、ホワイトボードを前にメンバーが集まり、思いつくままに課題を挙げていく手法があります。

　しかし、メンバーの思いつきに頼るこの方法では、課題を漏れなく効率的に発見することはできません。例えば、必須となる製品仕様に関する大きな課題については、多くの人が思いつきます。また、前機種の開発を振り返り、今回はこういう性能目標を実現するためにこういう部分に気をつ

けようといった課題を出すことも可能です。しかし、開発プロセス全体、さらには製品のライフサイクル全体を視野に入れなければ、本来必要な課題を発見することはできません。

　具体的な課題発見の手法は数多く存在しますが、ここでは基本となる手法と、見落とされがちな手法の4つを紹介します。

①製品ライフサイクルに沿ったQCDSE（品質、コスト、デリバリー、安全、環境）の検討
②部門間で見落とされがちな課題の見える化
③ユーザーが製品を使うシーンの網羅的な分析
④シミュレーション誤差のリスク対応

①製品ライフサイクルに沿ったQCDSEの検討

　課題を抽出する際には、開発に関わる各工程だけでなく、調達や生産、流通・販売、使用、保守・サービス、廃棄に至るまで、製品のライフサイクル全体を視野に入れ、網羅的に考えていく必要があります。また、それぞれのステージに品質（Q）、コスト（C）、デリバリー（D）、安全（S）、環境（E）の5つの視点から検討していきます。

　製造しやすい製品になっているか、製造するために新たな設備を要求するような構造になっていないか。また、市場に出した後、問題が出ない製品になっているか。保守の手間や時間、コストがかかるような製品になっていないか。まずは必要な視点を洗いざらい出すことが、課題抽出の前倒しや網羅性を高めるためには欠かせません。

　具体的には、ライフサイクルの各段階について想定される条件と、その条件において想定される課題を検討します。条件とは、例えば開発の段階で言えば、製品の仕様や品質目標の実現性、開発体制、そして開発の前提条件となる法規制や国際規格、業界規格などになります。コストとしては開発費、必要なデリバリーは開発計画です。

調達の段階では、調達性、調達先、調達条件を把握し、コストとしては材料費を勘案し、デリバリーは調達準備計画になります。同様に、生産、流通・販売などの各段階で考え得る懸念点を検討し、課題を抽出していきます。

②部門間で見落とされがちな課題の見える化

　次に、部門間で見落とされがちな課題の見える化です。組織内の各部門は、それぞれ異なる専門性を持っています。このため、同じ製品を検討しても、認識する懸念点や課題が異なってきます。これを最大限に利用すれば、開発の早い段階であらゆる角度から懸念点や課題を洗い出すことができます。その考え方を表したのが、図表4-7です。

　抽出元と対応先が同じマスは自部門が認識している課題、それ以外のマスは自部門以外の部門が認識している課題です。ひと目でわかることは、自部門が認識している課題よりそれ以外のマスの方が圧倒的に多いということです。

　自部門が認識している課題は自部門のメンバーが認識し、自部門で解決すべきことを全員が理解できています。しかしそれ以外のマスは、他部門が認識している課題で、その中には自部門が解決すべき課題も含まれています。厄介なのは、自部門が対応すべきなのに、自部門が認識できていない課題が結構あることです。むしろ、そちらの方が多いこともあり得ます。

　部門内だけでなく、他部門とのコミュニケーションが取れていないと、図表4-7の白い部分の課題への対応はできません。

　私たちがコンサルティングした企業の中には、自部門が認識している課題以外への対応が抜けていたために、後工程になって問題を抱えるケースがよく見られました。

　会議室に各部門の担当者が集まり、「何か心配ごとはありませんか」と尋ねても、誰も発言しません。しかし、会議が終わった後に「製造部があ

図表4-7　開発体制に関する課題抽出手法

		懸念点・課題の対応先						
		商品企画部	開発部	品質保証部	生産技術部	製造部	調達部	営業部
懸念点・課題の抽出元	商品企画部							
	開発部							
	品質保証部							
	生産技術部							
	製造部	□ 他部門が認識している、他部門の懸念点・課題 ↕ 乖離がないか？ ■ 自部門が認識している、自部門の懸念点・課題						
	調達部							
	営業部							

の課題に気づいていないようですが、大丈夫ですかね」などと言ってくる方が結構いました。これでは困ります。

　会議の場では、「課題を把握しているにもかかわらず、この場で発言されなかったものについては、その方の責任になりますよ」というような言い方も時には行いながら、お互いの心配ごとを早い段階で洗いざらい共有しておくべきです。

③ユーザーが製品を使うシーンの網羅的な分析

　課題抽出というと、技術的な面ばかりイメージされがちですが、営業やサービス、ビジネスプロセスに関することや、自部門に直接関係ない課題に関しても、少しでも気づいたことがあれば念のため発言し、共有しておくことが大切です。

　図表4-8は、ユーザーが製品を使用するシーンを分析した事例です。製品が顧客の手元に渡った後で、製品がどのように使われ、ユーザーのライフスタイルにどのような影響があるかについても、検討しておく必要があります。この事例は、体内に埋め込む医療機器の開発を支援した際に使用した「顧客プロセス分析」の例です。

　まず、ユーザーは医師から詳しい事前説明を受け、製品（医療機器）を

図表 4-8　顧客の使用状況に関する課題抽出手法

| 顧客プロセス | | 顕在／潜在ニーズ 及び 課題・リスク | 設計への反映 | 要チェック事項例 |
プロセス	プロセス内容			
⋮	⋮	⋮	⋮	⋮
手術を 受ける	■ XXX 手術を受 ける	■ 付着した血液が 円滑に流れ落ち るか？	■ 材質選定に液体 の流動性を考慮	■ 個人や温度によ る血液の流動性 のばらつき
⋮	⋮	⋮	⋮	⋮
食事				
⋮	⋮	⋮	⋮	⋮
入浴する				
⋮	⋮	⋮	⋮	⋮

体内に埋め込む手術を受けます。その後、製品は一定期間、ユーザーの体内に埋め込まれます。

　このような場合、開発者は「手術の場面でうまく入るか」とか「製品が体内でうまく機能するか」など、機能的な課題ばかりを考え、実際に患者さんが装着した状態で生活する際の安定性に注意が行き届かない場合が多いです。

　例えば、「食事や入浴する際に大丈夫か」「荷物を持って歩いても大丈夫か」「自動車や電車に乗った際の振動で影響を受けないか」といった視点が抜け落ちているケースが多く見られます。

　顧客が製品を利用するシーンやプロセスをなるべく具体的に想定し、各段階でどのようなニーズや課題が発生するかを網羅的に検討しておくことが、製品の品質向上にとって重要になります。特に、競合他社がこうした細かいところまで検討していない場合には、自社の製品を差別化することにつながり、市場競争力を強化できます。

　本事例では、製品を体内に埋め込んでいる期間の患者さんの生活プロセスを1つひとつイメージし、医師による「事前説明」から「施術」、「病室」、「食事」、「立ち上がる・歩く・話す」、「入浴する」、「退院する」、「リハビリ」、「非日常的なメンテナンス」、「製品の交換」に至るまで、製品のライ

フサイクルに沿って詳細に検討しています。

　私たちは、各プロセスにおいて想定される潜在的なニーズと顕在的なニーズ、課題・リスク、それに対応するための設計への反映、要チェック事項をそれぞれ勘案しました。例えば、病室のベッドに寝ている状態のとき、「胃が圧迫された状態でもラインが抜けない」「動きによってつぶれたり痛んだりしない」というニーズがあります。食事の際には、「投与時にスムーズに流れ込む」「投与時に逆流しない」「詰まらない」「拭き取りやすい」といった機能が必要になります。入浴時には「湯が入らない」「衛生性が保たれる」ということが必要です。

　次に、こうしたニーズや課題に対して、設計に何を反映すれば解決できるかを検討します。寝ているときに製品がつぶれないためには、強度が必要です。また、余計な突起物がない形状にしておかなければ、ユーザーが不快な思いをします。食事の際に逆流を防ぐには、逆止弁をつけるなどの対策が必要になります。

④シミュレーション誤差のリスク対応

　最後に、シミュレーションや机上検証を行った結果の活用について説明します。シミュレーションは必ずしもOK／NGを明確に示してくれるものではありません。曖昧だが何らかの示唆を出したシミュレーション結果を放置せず、課題の早期抽出に結びつけるには、工夫する必要があります。

　図表4-9は「シミュレーションに関する課題抽出手法」をまとめた事例です。

　これまで解説してきたようなシミュレーションや机上での評価を行う際に、OK／NGが判断できない場合があります。

　例えば図表4-9に示すように、目標水準を「100未満」と設定してシミュレーションしても、机上評価では「80から150の範囲」という形で大雑把な結果が得られるケースがよくあります。つまり成功するかもしれない

図表 4-9　シミュレーションに関する課題抽出手法

評価項目	評価方法	目標水準	机上評価結果	NGの場合の対策	対策によるデメリット	当面の取り組み
○機能	CAE熱解析	100未満	80〜150	部品追加	コストアップ	追加できる設計にしておく
				部品間距離確保	なし	設計へ盛り込み
				仕様アップ	他仕様ダウン	追加できる設計にしておく
				仕様制限	仕様制限	どの程度の仕様制限になるか調査しておく
⋮	⋮	⋮	⋮	⋮	⋮	⋮

が、失敗するかもしれないということです。こうした結果を受けた場合、その後の設計をどう進めていくのがよいでしょうか。

　こうしたケースでは、NGになった場合に取るべき対策を事前に考えておくことをお勧めしています。そうすれば、設計段階に入った後の混乱を回避できます。

　例えば、ある部品を追加する、部品間の距離を確保する、特定の仕様をグレードアップするなどです。そういう対策をしても、特にデメリットがないようであれば、最初から設計に盛り込んでしまえばよいのです。しかし、そういうケースはむしろ少なく、実際には、そうした対策によって他の部品や性能に影響を与えたり、コストが上昇したり、製品に仕様制限を課さなければならなくなるケースが多いことも事実です。

　こうした設計上の対策を、設計試作や量産試作で得た結果を使って考え始めるのでは遅すぎます。開発が終盤に差し掛かっており、解決に十分な時間を取れなくなる可能性があるからです。

　課題が想定された段階、あるいはシミュレーションをして駄目になる可能性が見えた段階で、先手を打って検討しておくことが重要です。できればやりたくないが、最悪の場合、できるように準備しておく。あるいは仕様制限をかけるなら、どれくらいの規模になるかといったことを、前倒しで検討しておくわけです。これにより、後工程での混乱を避け、工数を減らすことができます。

以上、代表的な課題抽出手法をいくつか解説してきました。課題を抽出する手法やアイデアは、製品や開発の目的、環境の違いなどによって、ほかにも多数あります。

3　フロントローディングの事例

　ここでは、そのほかのフロントローディングの事例を2つ紹介します。

部品のばらつき、使用環境に起因する不具合対策

　最初の事例は、部品のばらつき、使用環境に起因する不具合が多かった事例です。

　この事例では、過去の製品を詳細に分析し、すでに検討すべき課題とその傾向をつかんでいる状態にあります。ある課題を解決するために、新しい材料をある部位に使用したいのですが、コストが高いためにできるだけ使用量を減らしたいという目標があります。

　その一方で、この新材料に関して経験豊富なサプライヤーを、生産技術の担当者が知っているという情報が入っていました。

　後工程に課題を残したくないので、構想設計の段階で新材料を使用した際のリスクを徹底的に払い出そうというわけです。

　まず、部品製造、受入検査、製造、流通／保管、設置、使用、交換、廃棄という具合に、製品のライフサイクルのシーンを設定します。次に、シーンごとに環境・使用状況、リスクと課題、対応方針、重要度、現状水準と目標水準などを検討していくわけです。どのような事象によってどのような問題が起きる可能性があり、それをどう克服すべきかなどについて、具体的に検討していきます。

　課題と解決方法を洗い出したうえで、各開発を担当する部門の重要課題

解決アクションを設定し、早い段階でスタートさせます。

　例えば、通常なら量産試作の段階になってからコミュニケーションすることが多い製造部門に早めに入ってもらい、「今回は新材料を使うので、その工程を早めに考えてほしい」といった依頼をしておきます。また、社外の経験豊富なサプライヤーの協力について、購買担当者に早めに伝えて交渉しておいてもらいます。

　その結果、この事例では2つの大きな成果を得ることができました。

　1つは、新規性の高い開発だったにもかかわらず、設計後の手戻りがほとんどなかったこと。もう1つは、サプライヤーを巻き込んだことで、新材料の挙動を経験的に理解できただけでなく論理的にも解明され、これ以降の開発に使える有用な技術ノウハウとなったことです。

事例　構想設計の段階でシミュレーションを導入

　次の事例は、構想設計の段階でシミュレーションを導入した事例です。

　新規製品の開発で新しい技術を導入するため、要素技術を開発する目的で機能試作を行いました。機能試作は1回で終えたかったのですが、収拾がつかないまま2回目、3回目の機能試作も必要になり、開発期間がかなり延びてしまっている状況でした。

　そこで、構想設計にCAEを導入することにしたのです。やみくもにシミュレーションを入れても、結果が発散するばかりで有用な成果は得られません。何をシミュレーションすれば後工程での手戻りを防ぐことができるのか、シミュレーションの目的や求めるべき成果を明確に設定して実施しないと成功しないという点が、本事例のポイントです。

　まず、重要なパラメーターを絞り込むため、設計者の仮説に基づきシミュレーションを実施しました。その結果と機能試作で得た結果のギャップを分析し、シミュレーションのロジックや設定に反映して精度を高めていきます。

　ポイントは、仮説に基づいて効果がありそうなものに対象を絞ることで

す。標準値仮説、上限値仮説、下限値仮説のシミュレーションを実施し、製品の性能に与える影響や悪影響が出た場合の対策の工数や難易度を見積もりました。

　そして、例えば筐体の厚み（mm）のような選択肢（パラメーター）を設定します。製品を作るとき、この厚みはこれくらいになるだろうという最適な想定値と、それより厚くする場合と薄くする場合に想定される上限値と下限値をパラメーターに設定し、それぞれの場合で製品の性能にどのような影響を与えるか、シミュレーションしました。

　シミュレーションで得られた結果を基に、もし条件が悪い側に振れた場合には、どのような対策が必要になるかについても検討します。材料費や加工費はどれくらい上げて対策しなければならないかなど、コストや開発期間への影響も想定しておきます。

　シミュレーションを終えた後、機能試作をして結果を確かめました。シミュレーションと実験のギャップを分析し、その差が大きいようなら原因を究明します。これを続けることでシミュレーションを最適化し、技術の向上と次の開発に生かします。

　この事例では、最終的な成果として開発期間を33％短縮できました。製品が市場に出た後で発生していた不具合の件数も減らすことができました。

　開発期間を33％短縮できたという実績は、シミュレーションの効果としては大きい方だと思います。これは、今までシミュレーションをまったく実施していなかった企業が、最初に導入した事例なので、伸びしろが大きかったと考えることもできます。

　この事例では3Dモデルに詳しい専門スタッフが現場に入り、シミュレーションの実践と最適化をリードしました。その成果を目の当たりにしたこの企業では、その後、設計者が自らの手で自在にCAEを使える環境作りを目指しています。そのための教育やワークショップの仕組みを構築していくことになりました。

教育も重要ですが、開発過程でわかったことをどんどんシミュレーションの仕組みに反映し、より実効性を高めることで、設計を自動的にチェックできるような体制に向けて進化させていくことも非常に重要です。

第 **5** 章

"プロセス"視点のさらなる 進化：アジャイル開発

製品開発の変革は"モノ"視点＝製品アーキテクチャーと"プロセス"視点＝開発プロセスの２つの側面から捉えることができます。前章では開発プロセスのうち、従来型のウォーターフォール開発をフロントローディングへと進める方法を見てきました、本章では、フロントローディングをさらにアジャイル開発に進化させていく方法について、GAFA（グーグル、アマゾン、フェイスブック、アップル）の事例などから見ていきます。

1 ▶ GAFAに見るアジャイル開発

　アジャイル開発は、もともとGAFA（グーグル、アマゾン、フェイスブック（現メタ・プラットフォームズ）、アップル）と呼ばれる大手のWeb系企業が積極的に導入し、進化させてきた新しい開発プロセスです。アジャイル開発も進化を続けていますが、現状ではまだハードウエアよりソフトウエアの開発に向いた手法と言えます。

　アジャイル開発の基本的なコンセプトは、次の3階層でできています。
- ビジネスアーキテクチャー
- 意思決定構造
- 開発・品質管理プロセス

　この3つの階層において、それぞれの取り組みを一致させることが、アジャイル開発を成功させるための重要なポイントになります。

　1つ目の「ビジネスアーキテクチャー」とは「組織としていかに戦うか」であり、何をレベルアップすればよいかを決める意思決定のことです。全社レベルの大きな開発目標を小さな目標に分解し、最終的に小規模の開発チームが自律的に追求していける個別の開発目標に落とし込みます。大きな目標をマイクロサービス単位にまで分解することで、システムとビジネス双方の独立性を担保します。

　EC（電子商取引）サイトであれば、例えば「売上を向上させる」という大きな目標があります。この大きな目標は、「ページビュー（PV）を上げる」「検索ヒット率を上げる」「コンバージョンレートを上げる」「決済成功率を上げる」「利用単価を上げる」といった小さな目標に分解できます。

　こうした個別の目標ごとに開発チームを作って開発を進めていきます。各チームの使命は個別目標を達成することであり、開発を始めた後の意思決定は完全にチームに任せ切ります。

2つ目の「意思決定構造」とは、「作るものをいかに決めるか」という意味です。ここで重要なことは、各チームが個別目標の達成に必要な意思決定をデータに基づいて行い、自律反復的に開発を進めていくことです。仮説だけでなく、データに忠実に判断していくことがポイントです。機能変更と機能評価のサイクルを高速に繰り返し、開発を進めます。

　3つ目の「開発・品質管理プロセス」とは、「いかに速く作り、不具合を出さないか」です。各チームが自律分散的に開発を進めていくので、開発を高速化し、不具合を出さないためのノウハウを、組織全体で共有し、管理できる技術上の仕組みが必要になります。全社でソースを共有したり、テストの自動化を進めたりします。

　アジャイル開発の場合、品質を割り切るか、開発期間を割り切るか、機能を割り切るか、どれかの割り切りが必ず求められてきます。これを、アジャイル開発のトリレンマと言います。どれを割り切るかによって、管理の仕組みが変わります。

事例 アマゾンにおける「機能分解」

　ここで、アマゾン・ドット・コム（アマゾン）が行っているアジャイル開発の事例を紹介します（図表5-1）。この図の一番上の部分で、ビジネスアーキテクチャーを定義しています。

　同社のECサービスは、「トップページ」「カート」「購入」など複数の小サービスが疎結合した構造になっています。この構造に準じて、大きな経営目標を小さな目標に分解していきます。

　例えば、「売上高」を構成している要素を「トップページのPV数」「検索回数」「検索ヒット率」「カート遷移率」「決済ページ移行割合」などに分解します。

　次に、それぞれを向上させるには何を開発すればよいのか、「システムアーキテクチャー」との関連を明確化させていきます。

　例えば、「検索回数」を上げるには「検索サービス」機能の使いやすさ

図表 5-1　アマゾンでは全体のサービスを個別のマイクロサービス単位で分割し開発を進める

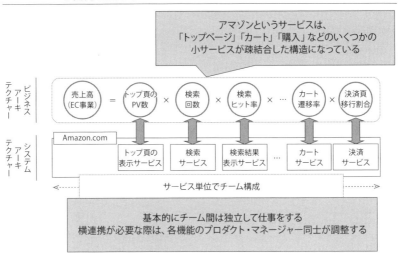

を改善する、「カート遷移率」を向上させるために「カートサービス」機能のレベルを上げるなどです。

　そして、開発を管理する組織構造を検討し、分解した要素ごとに小さな開発チームを構成していきます。

　各チームは基本的に独立して仕事を進めます。しかし、全体最適化のために横の連携が必要になった場合には、開発チームを束ねるプロダクト・マネージャー同士が連携して解決します。これにより、各チームのメンバーは目の前の開発に専念し、外部との調整に工数を割かずに済む体制を構築しています。

　例えば、「併売率の向上」を任されている開発チームAでは、商品の購買を促すためのレコメンド情報をECサイト内の様々な場所に出したいというニーズが発生します。これを実現するには、レコメンド情報を出したい場所の開発を担っている他チームと調整する必要があります。そうした調整を、プロダクト・マネージャーが行うわけです。開発チームAのメンバーはその調整には加わらず、目前の開発に専念します。

また、開発に関する意思決定について、毎回上層部の許可を取る必要はありません。チーム内のメンバーで独自に意思決定をしながら、開発を加速できる仕組みになっています。

　大きな目標を小さく分解して開発チームに渡し、各チームが実データに基づき自律的に判断しながら開発をスピードアップしていくことが、アジャイル開発の要諦です。

　そこで1つ重要なことは、技術や製品の目標だけに注目せず、ビジネス目標も同様に重視することです。我々のビジネスとは何か。何を向上させるべきなのかを考えながらビジネス構造を分解します。もう1つ重要なことは、ビジネス構造を小さな単位まで分解し、それを個々の開発チームに渡したら、完全に現場に任せ切ることです。

　アマゾンの開発対象は主にソフトウエアなので、このような形になります。ハードウエアのメーカーがアジャイル開発を取り入れる場合、機能分解のところがソフトウエアの場合より複雑になります。

　機能を切り分けて各開発チームに渡すためには、まず機能のモジュラー化ができている必要があります。アジャイル開発の実現とモジュラー化には深い関係性があるわけです。

事例　グーグルでは開発チームの区切りを最適化

　次は、アルファベット（グーグル）の事例です。グーグルも、基本的にはアマゾンと同様な組織構造になっています。しかし、開発の対象物がアマゾンとは少し違います。Webサービスだけでなく、OSというソフトウエア製品を作っているからです。

　グーグルの開発組織は大目標を小目標にブレークダウンしていく形にそって組織ができており、各開発チームに課題と目標を渡したら、その開発と解決手段は各チームに任せる構造です。

　アマゾンとグーグルの大きな相違点に、チーム間の調整方法があります。

アマゾンでは、開発チーム間で調整する場合はマネージャーが走り回ってマネージャー同士で調整する仕組みになっていました。

　グーグルでは、単発の調整であればマネージャー間で調整しますが、調整が頻繁に起きるような場合には、「機能（目標）の区切り方が悪い」という判断をして、すぐに開発チームを組み直します。チーム間の調整回数が重要先行評価指標（KPI）になっており、開発チームの区切り方を常に調整、最適化していくことは、管理職の重要な任務とされています。

　ここで重要なことは、開発チームの区切りを最適化していく目的はチーム間の調整をなくすことであり、いったん開発をチームに任せた後は、外部が口を出さずに現場に任せ切ることです。開発チームが自律的に意思決定し、開発サイクルを高速に回すことがアジャイル開発の要諦だからです。

　グーグル社内では、開発したプログラムのレビュー方法も独特です。開発したコードを共有レポジトリに置いておくと、その分野に詳しいエンジニアが自発的にそれをレビューしてアドバイスする仕組みになっています。もちろん、レビューしたエンジニアは相応に評価される仕組みになっており、レビューをする動機が確保されています。

不具合の発見と対応の自動化

　不具合や課題の発見と対応の自動化も進んでいます。

　アマゾンでは、開発チームに役割や目的を割り振った後、それぞれが開発して新しいプログラムやサービスを出していくわけですが、そのパフォーマンスを自動的に監視するシステムが動いています（図表5-2）。

　例えば、「検索ヒット率が急に大きく下がった」という不具合が発生すると、監視プログラムが自動的に認識してアラートを出し、「問題が起きているので改善せよ」という修正命令を当該の開発チームに送ります。

　その間、人はまったく介在しません。また、それがどのような不具合であるかも問いません。アマゾンでは、「品質は売上確保の手段」とシンプ

図表5-2　アマゾンでは品質管理も事業上の達成目標と紐づけ

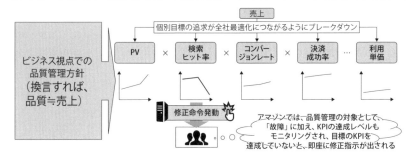

出所：エキスパートインタビューを基にADL作成

ルに定義しているため、売上が落ちたら何であれ不具合と認識します。

　こうした監視やアラートは経営側の責任で行われますが、その修正や改善は開発チームに一任し、経営側は口を出しません。開発チームが自律的に動ける状況を作り出しています。

　開発チームの適正な人数について、ジェフ・ベゾス氏が言っている言葉を引用すると、「ピザ2枚を囲める人数」が基準になります。

　10人では多いという感覚だそうです。これくらいの小さなチームで解決できる単位まで、開発目標を分解することがカギだと述べています。そうしなければ、高速な意思決定と小回りの利く開発はできないというのが、アマゾンの考えです。

グーグルは品質を優先しリリースを先送り

　先ほど、アマゾンでは品質問題を自動検知して修正命令を出すという話をしました。

　グーグルの品質問題への対応方法は、アマゾンとは少し違います。

　サービスレベルや品質について非常に厳しい基準を設けており、例えばAndroid OSの更新の場合、品質基準のテストを完全にクリアするまでリリースはできません。期日が迫り来る中で、課題解決のサイクルを回して

も品質レベルをクリアできなかった場合はどうするのでしょうか。グーグルは品質を優先し、リリースが遅れることを許容します。

アマゾンは「リリース期日を守り、後で問題が起きたら対応する」という考え方ですが、グーグルは「問題が起きるくらいなら、リリース期日を延ばす」という判断をしています。品質目標と期日の両方をクリアしようと努力しても、うまくいかないケースはあり得ます。その場合、アマゾンが犠牲にしているのは品質であり、グーグルが犠牲にしているのはスケジュールだと言えます。

グーグルは品質をクリアするまでリリースはしないと述べましたが、リリース期日を延ばせば品質課題を解決できるという保証はありません。バグをしっかりと見つけ出し、対応しなければ、いつまで経っても課題は解決できないわけです。

そこで、グーグルではバグを見つけ出すためのテストツールを重視しています。コンピューター上で、あらゆる入力を総当たりで試し、アウトプットの品質がおかしければアラートを出すようなツールがあります。総当たりによる自動評価ツールを開発するためだけの専門チームもあり、不具合を可能な限り早く見つけ出せる環境整備に努めています。

アジャイル開発、成功への３つのポイント

以上、アマゾンとグーグルの戦い方を見てくると、そこから学べるアジャイル開発を成功に導くポイントは図表5-3に示した3つの点に集約されます。

第1のポイントは、「少人数で自律的に動ける組織を作り、ゴール要件を明確に定める」です。そこで重要になるのは、ゴールと到達要件を独立したKPIとして設定することです。

先述した事例のように、「検索ヒット率が向上する」とか「カート遷移率を高める」など、小さな開発チームの単位で取り組めるところまで細分化してから配分することが重要です。

図表5-3　アジャイル開発の3つのポイント

少人数で自律的に動ける組織を作り、ゴール要件を定める	重要な意思決定もチームに任せ切る	品質担保の仕組みを作る

- ■ ゴールと到達要件を独立したKPIに分ける
- ✓ 小チームがデータドリブンで独立して動ける構造を作る

- ■ ビジネスアーキテクチャーと権限移譲の仕組みをリンクさせる
- ✓ 小チームがデータドリブンで自発的に判断して動くことで、大きな組織を最大の速度で動かす

- ■ 独立した意思決定が行われても、全体の品質が保たれる「技術上の仕組み」を作る

　第2のポイントは、「重要な意思決定もデータドリブンを前提に各チームに任せ切る」です。いちど開発目標を与えたら、それを達成する手段と意思決定は完全にチームに任せます。

　上層部がチームから開発状況を報告させ、提案させて承認するといった手順を踏んでいては開発スピードが落ちます。データを基に意思決定するというルールの下で、現場のチームに任せ切るという姿勢が、アジャイル開発では非常に重要になってくるということです。

　アジャイル開発を、例えば2週間単位で回している場合には、2週間で必ず1つの結果が出ます。上層部は黙ってそれを見て、状況を把握していけばよいわけです。それで結果が違っていれば、次の2週間で修正するというやり方です。いちいち報告させたり、上層部の意思決定を待たせたりするようなことはしません。

　第3のポイントは、「品質担保の仕組みを作る」です。開発チームごとの個別最適化によって開発を高速で回していく仕組みですから、品質問題は起こり得ます。アジャイル開発では、品質を担保する仕組みをどう作るかがカギになります。チームごとに独立した意思決定が行われても、全体の品質が保たれるような「技術上の仕組み」を作るわけです。

　アマゾンの場合は、原因は何であれ異常が起きたら自動的にアラートを出す仕組みが稼働していました。グーグルでは、品質テストのための専門

図表5-4　アジャイルアプローチで誤解される姿

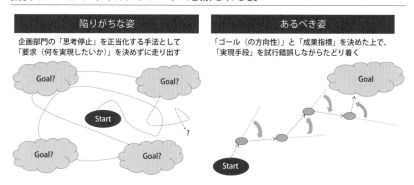

チームを組織して徹底的にテストができる環境を作り、そこで品質問題が
解決できない状況に陥れば、リリース日の延長を許す仕組みによって品質
を担保しています。

　組織として「誰が何の目標を、どのようなKPIで開発するか」といった
采配は、経営が判断すべきものです。一方、与えられた目標を最短距離で
クリアするための最善の手段は、現場が判断すべきものです。開発の結果
や品質に対する判断は、人の判断を介さない自動化によって抜けや漏れを
防ぎます。

　「経営が判断すべきもの」「現場が判断すべきもの」「機械的に判断すべ
きもの」。これらをきちんと切り分けて進めることが、アジャイル開発を
成功させる要件になると著者は考えています。

　アジャイル開発のアプローチには、よく誤解されやすい点があるので注
意が必要です（図表5-4）。

　「アジャイル開発とは、試行錯誤を高速化することだ」と勘違いしてい
る人がかなり多い印象があります。ゴールを明確に定めないまま、ABテ
ストなどを駆使して試行錯誤を始めてしまい、開発が発散して失敗する
ケースが見受けられます。

　3つのポイントで述べたように、開発が目指すゴール要件と、結果を評

価する基準となるKPIを明確にしたうえで、「実現手段」を高速に試行錯誤していくことがアジャイル開発の要諦です。「あるべき姿」を明確にしたうえで、試行錯誤をしなければゴールに近づくことはできません。

　日系の大手メーカーがアジャイル開発を導入しても、なかなか成果が得られていないケースが見受けられます。多くの場合、その要因は「ビジネスアーキテクチャー」を作り切れていないことにあります。

　GAFA系の企業でアジャイル開発を経験してきた人を雇用して、アジャイル開発を取り入れようとしている企業は少なくありません。しかし、あまり成果を出せていないケースが散見されます。

　こうした企業を見ていると、ビジネスアーキテクチャーを作り切れていない場合が多いと感じます。

　まず、アジャイル開発の各チームに対して「何を目標に、何のレベルを上げてほしいのか」を経営側が具体的に伝えきれていません。

　次に、「実データに触れさせていない」という問題点も見受けられます。開発チームは、成果を最短距離で得るための方法を自律的に考えるべきで、その根拠となるのが、実際のデータです。例えばアマゾンであれば、サイトのPVデータをリアルタイムに見られなければ、何の判断もできないわけです。

　では、企業の1エンジニアが現在の売上データや顧客データにアクセスできるかといえば、できない企業がほとんどでしょう。その理由は、そもそもデータが無いという場合もありますが、そうしたデータがあったとしても、現場の従業員・開発者が容易にはアクセスできないようになっている企業が多いからです。

　加えて、意思決定に関しても、完全に開発チームに任せ切ることができる日系企業は少ないと思います。稟議を上げて決裁するというやり方に、どうしても近づいてしまうわけです。

　これでは、データに即した正しい意思決定ができませんし、アジャイル開発の目的である開発の高速化もできなくなります。その結果、現場の開発チームがやる気をなくしていきます。日系企業が高い報酬でスキルのあ

る人材を雇っても、辞められてしまうケースが続いています。

　アジャイル開発は、単に試行錯誤のループを高速で回すだけの開発手法ではありません。先述した3つのポイントを、しっかりと実現していく必要があります。

---

2 ▶ 自動車業界におけるアジャイル開発

　自動車業界でアジャイル開発を導入している事例として、テスラとドイツのVW（フォルクスワーゲン）における取り組みを紹介します。

事例 テスラにおけるソフトウエア更新

　テスラは自動車メーカーですが、かつてシリコンバレーに本社を構えていたこともあり、周辺にあるIT系企業からアジャイル開発の経験者を採用しやすい環境にありました。ハードウエアメーカーですが、アジャイル開発の導入が進んでいます。

　テスラは世界的な自動車メーカーの中でも後発組に属し、スタートアップやメガベンチャーのような位置づけにあります。将来の成長や社会変化に対するインパクトが期待されている企業であり、給料が高く昇進が早い半面、業績が悪化した場合のレイオフも早いです。

　労働環境の特長として、採用時のジョブディスクリプションが明確であり、業務と責任の内容がはっきりしています。1人ひとりの裁量権が大きく、組織の上にいる意思決定者との距離が近いという点があります。特にソフトウエアの開発領域では、現場の権限が大きく、アジャイル開発がかなり浸透しています。

　これらの特徴は、一般的な自動車メーカーとは印象がかなり違います。

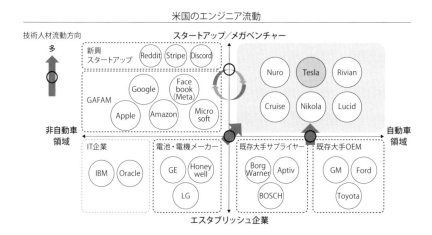

雇用が安定していても裁量権が限定され、意思決定に時間がかかる従来型の自動車メーカーとは、性格がかなり違うと言えるでしょう。

　こうした開発環境や企業姿勢が大きな魅力となり、テスラは非自動車分野のITスタートアップと、従来のメーカー企業双方から人材を採用できるポジションに立ち、ますます競争力を増す好循環が働いていると考えられます（図表5-5）。

　テスラでは、無線通信を経由してデータを送受信するOTA（Over The Air）により、販売後の自動車に対してソフトウエアの更新を行い、新規機能をどんどん追加していることは紹介しました。テスラが開拓したこの手法は、自動車業界の新しい潮流となっています。

　自動運転の分野にも、アジャイル開発が導入されています（図表5-6）。

　テスラが最初に出した自動運転ソフトウエアは、開発に1年半ほどかかったと言われています。しかしそれ以降、社内では2週間ごとにバージョンアップされており、現在でも続いています。

　自動車の製品ラインアップは複数ありますが、自動運転の仕組みは1つです。全車種に基本的に同じシステムが載っています。開発者から見る

図表 5-6 テスラの自動運転 SW (ソフトウエア) におけるハードソフト分離開発プロセス

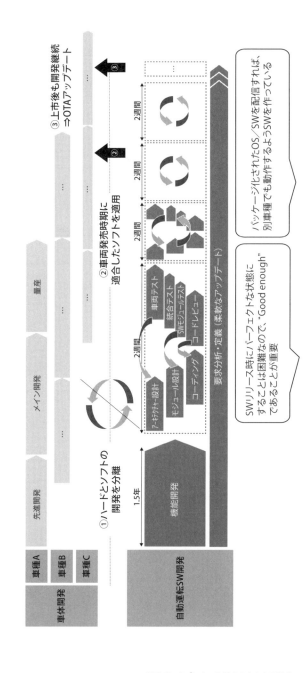

出所：有識者インタビューを基に ADL 作成

と、同じOSを載せた違うPCのような形です。図表5-6に示したような開発体制で、同じ統合ソフトを2週間ごとに更新し続けています。

　テスラが自動車業界に与えた最も大きなインパクトは、図表5-6の下段の真ん中あたりにある「Good enough」という新常識を持ち込んだことでしょう。これはこれで議論を呼んでいるところもありますが、最初から完璧なものを求めず、最低限の品質をクリアした「Good enough」な状態でリリースし、後から改善していく考え方です。販売後のOTAアップデートで不具合や機能を改善したり、新たな機能を追加したりしています。

事例 フォルクスワーゲンにおけるID.3開発

　GAFAのようなIT企業でアジャイル開発が奏功し、テスラのような企業が出現したことで、自動車業界でもアジャイル開発を取り入れようとする機運が高まっています。

　その中でも、最も動きが早かったのがドイツのフォルクスワーゲン（VW）です。VWは、2019年に発売した電気自動車「ID.3」の開発から一部にアジャイル開発を導入しています。従来の開発プロセスからそれほど大きく変革しておらず、アジャイル開発が持つ本来のメリットを生かし切れているとは言えません。しかし、自動車業界でいち早くアジャイル開発を導入した事例として、よく知られています。

　VWはID3開発において、IVI（車載インフォテインメント）や自動運転の一部のソフトウエアにアジャイル開発を導入しました。スケジュールは、車体開発のプロセスと連動しています（図表5-7）。

　アジャイル開発といっても、従来の車体開発プロセスにしっかりと合わせているので、全体像としてはウォーターフォール開発のままです。

　まず、要求機能をFIXするまではウォーターフォール開発で進めています。要求機能が定まった後、機能ごとにチームを分割し、アジャイル開発で進めます。しかし、ウォーターフォール開発している他ソフトや車体と

図表 5-7 フォルクスワーゲンの「ID.3」開発でのアジャイルの導入

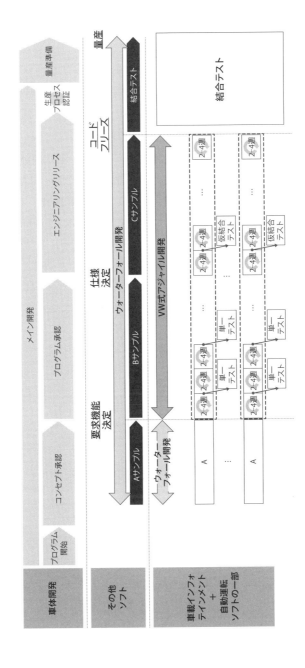

出所：有識者インタビューを基に ADL 作成

の統合テストを行うため、コードフリーズを行っており、継続的な改善が封じられました。

　この統合テストでは、アジャイル開発で進めてきた自動運転系と車載情報システム系のソフトウエアと、それ以外のウォーターフォール開発で進めてきたパワートレーンやシャシー、ハンドル、ブレーキなどに関するソフトウエアを合体させ、確認します。

　つまり、ウォーターフォール開発の中の一時期、要求機能FIX⇒コードフリーズの間だけ"アジャイルのような"開発をしている形態でした。

　図表5-7の下段の矢印で示した「VW式アジャイル開発」の期間にだけ、アジャイル開発を組み入れたわけです。この中では、2週間から4週間の単位で開発と評価を繰り返しながら、開発をスピードアップさせています。これはこれで一定の成果はあったとVWは述べています。

　しかし、そのアジャイル開発期間中には、単体テストの仕組みしか持たなかったこともあり、ウォーターフォール開発をしてきた従来領域と合体し、統合HILSを用いたソフトウエアとの結合テストで、かなり多くの不具合が発見されたようです。これが、「ID.3」の出荷が半年遅れる原因の1つとなりました。

　ウォーターフォール開発の一部をアジャイル化するだけでは、十分なメリットを享受できなかったことがわかります。

3　3つのステージにおける「悩み」

　テスラのように、開発チームの目標を決め切り、権限を与えて完全に独立した開発を可能にしたアジャイル開発と、ウォーターフォール開発を前提にした他チームとの協調や擦り合わせがどこかで必要になる開発体制では、効果がずいぶん異なることがわかります。

アジャイル開発とウォーターフォール開発を混在させたことで、多数の難点が生じました。ウォーターフォール開発をしているチームから見れば、初期の要求⇒仕様FIXでソフトウエアの骨格が定まっており、結合テストで初めて課題抽出を行っても、そう大きな課題が噴出しないはずで、そこで課題を出し切り、一気に解決して完成を目指せばよいわけです。

　しかし、アジャイル開発をしているチームから見れば、これまで課題の抽出と解決を繰り返して、ソフトウエアの骨格作りを含め、修正を繰り返して完成度を高めており、他のソフトウエアとの結合のために開発を停止するのでは、「それまでの最適化は何だったのか」という話になります。

　さらにウォーターフォール開発をしているチームにしてみれば、「2週間ごとに不完全な新版をリリースされても、どう対応してよいかわからない」という話になります。

　これは自動車業界に限ったことではなく、一般企業がアジャイル開発を導入する場合にも起きやすい課題です。

　私たちはこれまで、様々な企業でアジャイル開発の導入を支援してきました。

　その経験から、導入時に直面しやすい悩みを整理してみました（図表5-8）。立ち上げの「前」と「中」、そして「導入期」という3つのフェーズに分け、それぞれのステージで生じやすい悩みを類型的に挙げています。

　「立ち上げ前」では、そもそもアジャイルで何を実現するのか、「戦略・目標設定ができない」「人が集まらない」「候補者が集まっても評価できない」といった悩みに直面しやすいです。

　アジャイル開発をしたくても経験者はまだ少なく、人材を集めることは容易ではありません。待遇の良し悪しも影響しますが、それ以前に自動車会社のイメージとして「古い組織だから権限を与えてくれず、失敗するに違いない」という印象を持たれており、アジャイル開発の経験者がなかなか応募してくれないという現実があります。

　仮にそうしたマイナスなイメージを変え、何とか応募者を集められたとしても、その人の実力を評価できないという悩みに陥ることが多いです。

図表5-8　3つのステージにおける「悩み」

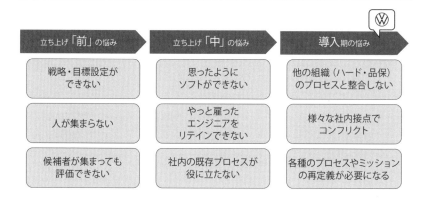

立ち上げ「前」の悩み	立ち上げ「中」の悩み	導入期の悩み
戦略・目標設定ができない	思ったようにソフトができない	他の組織（ハード・品保）のプロセスと整合しない
人が集まらない	やっと雇ったエンジニアをリテインできない	様々な社内接点でコンフリクト
候補者が集まっても評価できない	社内の既存プロセスが役に立たない	各種のプロセスやミッションの再定義が必要になる

ケーススタディがまだ少ないため、その人ができる人なのかできない人なのか、わからないわけです。

　なんとか人材を確保できると、「立ち上げ中」の悩みが始まります。2週間の開発ループを何度も回した末に、ようやく初版のソフトウエアができてきます。それまでの期間、期待と現実のギャップに悩み、「思ったようにソフトウエアができてこない」という悩みに陥るケースが多いです。

　また、データへのアクセス権や意思決定の権限委譲が不十分な場合、やっと雇ったエンジニアが「面白くない」と言って辞めてしまう事態になることもあります。社内にある既存の開発プロセスとあまりにも違うため、摩擦や混乱が起きることも多いです。

　アジャイル開発を具体的な開発プロセスに落とし込む「導入期」に入ると、本格的にアジャイル開発が回り始めます。しかし、ハードウエアや品質保証を含む他組織のプロセスとうまく整合せず、揉め出すケースがよく見られます。同様に、様々な社内接点でコンフリクトが生じる場合もあります。

　また、アジャイル開発に関係する部署だけでなく、それを取り巻く多くの組織のミッションや業務プロセスの再定義が必要になる場合も多いです。

最初は「アジャイル開発は自動運転の開発に入れるだけだから大丈夫」などと言っていても、1カ所を変えれば別の部分を変えなければならないといった理由で、既存の開発プロセスに手を加えていかなければならない場合が少なくありません。

　VWはアジャイル開発に苦労しているように見えましたが、実は「立ち上げ前」と「立ち上げ中」の悩みはクリアしており、「導入期」の悩みで混乱を来している事例と考えられます。VWは世界の自動車業界の一歩先を行き、何とか導入までは漕ぎ着けているわけです。

　ここで紹介した悩みは、多くの企業に共通して見られるものです。アジャイル開発を導入する際には、このような課題が順番に襲ってくることをある程度想定しておくとよいです。起き得る課題を初めから知っていれば、想定内の壁として順番にクリアしていくことができます。

　自動車業界では、まだアジャイル開発を理解している人が極めて少ない状態です。これを支援する構成管理ツールを使いこなすことも、容易ではありません。

　アジャイル開発の導入時には、「知識があるソフトウエア開発人員が少ない」「正しいアジャイル開発のプロセスを理解している人が少なく、浸透しない」といった課題に直面します。アジャイル開発に適したツールが複数あり、そうしたツール類を使いこなした経験のある人材が少ないという問題です。

　自動車業界でアジャイル開発を成功させている企業は、まだテスラくらいです。いち早く着手したVWでも多くの難点に見舞われている状況を見ると、アジャイル開発を使いこなす世界はまだかなり先だと感じる読者も少なくないでしょう。

　アジャイル開発は、そもそもエリック・リース氏が提唱した「リーンスタートアップ」という概念がベースになっています。しかし、実はこの概念の源流は、大野耐一氏が実現した「トヨタ生産方式」にあるのです。こ

れは、エリック・リース氏自身が述べている事実です。リーンスタートアップとは、「全員で継続的に改善する仕組み」のことです。

　トヨタ生産方式がもたらした画期的な価値の1つは、「生産現場で起きている課題は生産技術者だけの責任ではなく、現場で作業をしている人たち全員が品質改善のために知恵を絞る」という点です。

　リーンスタートアップでも、役割を分担して現場ごとに全力を尽くし、スピーディーに対策していくというコンセプトが語られています。

　つまり日本企業から見ると、アジャイル開発とは遠いように見えて、実は日本人のものづくりの感覚に極めて近いものなのです。アジャイル開発の導入には様々な悩みやコンフリクトが伴いますが、日本企業は本来、うまく導入できるはずのものだと言えるでしょう。

第 6 章

情報活用を高度化する

ここまで、製品開発を進化させる手法について詳しく説明し、ツールやフレームワークの使い方や事例について見てきました。製品のメカニズムを解明し、モジュラー化する。仕事のプロセスをよりフロントローディングに近づけ、後工程での手戻りを減らす。ソフトウエアとハードウエアの開発サイクルが異なることに対応し、アジャイル開発を導入するといったことなどです。

　本章では、こうした製品開発自体の変革に加えて、デジタル技術の活用による情報活用の高度化によって、いかに変革の効果を高めるか、その「勘所」について紹介します。

1 製品開発DXのフレームワークとデジタル活用の勘所

　製品開発DXをどのレベルで捉えるかによって、DXの方向性やアプローチは大きく違ってきます。これを成功に導けるかどうかは、DXをどう理解するかにかかっているとも言えます。

　製品開発DXはこれまで一般的に行われてきた「業務のデジタル化」や「デジタルによる業務効率の改善」といった概念とは異なります。製品開発DXのフレームワークは、大きく「戦略レベル」「DX目的」「DX対象」の3つの方向性で考えることができます（図表6-1）。現状の業務を変えることなく、一部の業務を効率化するのではなく、企業や組織全体の戦略に基づき、目的を設定し、その実現のための変革にデジタルをどのように活用するのかを判断する必要があります。

　フレームワークの1つ目は「戦略レベル」です。序章で述べたとおり製品開発を機能戦略レベルの概念だと小さく捉えてしまうと、方向性を見誤るので注意が必要です。製品開発は、ビジネス全体を視野に入れた「経営戦略」のレベルで捉えます。したがって、製品開発DXは経営を変革するレベルでデジタル化を検討していくことになります。

　フレームワークの2つ目は「DX目的」です。DXの目的は、業務の効率化のような現状の延長線上での改善ではなく、「企業価値向上」にあります。

　そして3つ目のフレームワークが、「DX対象」です。DXをデジタルによる業務の効率化と考えている人は、オペレーション業務を対象に考えていこうとしてしまいます。しかし、製品開発DXの主な対象となるのは、クリエイティブ業務です。この点が、DXがこれまでの「業務のデジタル化」や「デジタル基盤による効率化」と根本的に異なるところです。

　オペレーション業務とは、手順や基準が決まっている業務を指します。開発業務でいうと、例えば設計図面の管理がそれにあたります。DXの対

図表 6-1　製品開発 DX のフレームワークとデジタル活用の勘所

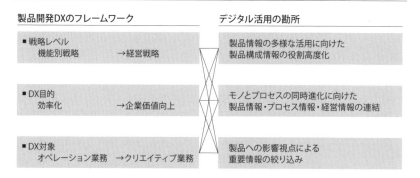

象をオペレーション業務だと考えている人は、設計工程にデジタル基盤、例えばPDM（Product Data Management）システムを導入し、ある図面を変更したらその変更が関連するすべての図面に自動的に反映されるような仕組みを実現し、これがDXだと捉えがちです。あるいは、2次元で作成した図面を自動的に3次元データに変換するようなシステムです。これらは要するに図面管理のオペレーション業務の手間と時間を省く効率化を行っているのであって、そこに人の「思考」や「創造」という概念は入っていません。

　製品開発とは本来、新たな価値や製品を創造する業務のことです。ここにデジタルを導入し、これまで不可能だったものを可能にすることが、製品開発DXの本来の目的です。したがってその対象も、クリエイティブな業務に踏み込んでいきます。

2　3つの「デジタル活用の勘所」

　この3つのフレームワークに対して、図表6-1の右側に示すような3つの「デジタル活用の勘所」が存在します。

- 製品情報の多様な活用に向けた製品構成情報の役割高度化
- モノとプロセスの同時進化に向けた、製品情報・プロセス情報・経営情報の連結
- 製品への影響視点による重要情報の絞り込み

　勘所の1つ目は「製品情報の多様な活用に向けた製品構成情報の役割高度化」です。

　どのような部品を使っているか、1つひとつの部品はどのような形状をしているか、どのような材料を使っていくらのコストがかかっているか、誰から購入しているのかといった情報を、総じて製品情報と呼んでいます。この製品情報を設計者や生産技術者だけでなく、経営、営業、マーケティング、店舗、アフターサービス、問い合わせ窓口など、ビジネスに関わる幅広い人が多彩な目的で活用できるようにすることは、製品開発DXの大きな役割です。ここでは、製品情報を誰がどのように活用していくのかがポイントになります。

　勘所の2つ目は、「モノとプロセスの同時進化に向けた、製品情報・プロセス情報・経営情報の連結」です。

　開発プロセスのレベルは、モジュール型開発を促す「製品アーキテクチャーの理解」とフロントローディングを促す「プロセスの進化」の2軸で進んでいきます。この2つの軸を同時進行で進めていくことを「モノとプロセスの同時進化」とここでは表現しています。

　この同時進化を実現するには、製品（モノ）とプロセスの情報を連動させることが必要になります。さらに、それらの情報を経営情報と密接に連携させていくことが重要になります。この情報の連携が、勘所の2つ目の骨子になります。

　勘所の3つ目は「製品への影響視点による重要情報の絞り込み」です。放っておけば、情報は限りなく増えていきます。すべての情報を同様に扱おうとすると、何が重要で何が重要でないか、メリハリがつかなくなり、混乱するばかりで情報の有効活用が進みません。そこで、情報の重要度を

検討します。あらゆる情報の中で、製品に特に重大な影響を及ぼす情報を絞り込んでいく必要があるわけです。

　そうした情報には、例えばデザインレビューのチェックリストが含まれます。このチェックリストには、工程を移行する際にクリアしておかなければならないチェックポイントが整理されています。

　しかし、このチェックリストは問題が起きるたびに追加されていくため、時間とともに膨大なリストになってしまいます。一方、開発に使える時間は限られているわけですから、その膨大なリストを漏れなく確認することはどんどん難しくなっていきます。全リストを確認する工数を確保できなくなったら、重大なものから優先的に対応するしかなくなります。その際のリストの絞り込みをいかにうまく行い、後工程に課題を残さないようにするかが、デジタル活用の第3の勘所で問われてくる1つのポイントになります。

　続いて、この3つの勘所について、それぞれ解説していきます。

勘所 製品構成情報の役割高度化

　勘所の1つ目、すなわち製品情報をあらゆるビジネスプロセスで有効活用するための方法について述べます。

　まず、ビジネスの各担当者が必要としている製品情報と、それをどのような製品構成情報に整理すれば使いやすいのかについて、そのイメージを図表6-2にまとめました。

　製品構成情報とは、製品に付随するデータをツリー構造で整理したものです。一般的に、製品情報はこのように部品ごとにグルーピングしたり、ツリー構造にしたりして管理されています。

　この図では、「設計担当」の欄が2つあります。これは、設計担当者が製品情報を活用したい場合、目的によって2つのパターンがあることを示しています。場合によっては3つ以上あるかもしれませんが、ここではこの2つを例に表示しています。

担当	設計担当	設計担当	購買担当	製造担当	営業担当	保守担当
製品について知りたいこと	どのような機能・性能を実現する製品か？いくらかかるか？	自分の設計担当範囲は？	何を調達すればよいか？いくらかかるか？	どのように製造すればよいか？いくらかかるか？	どのようなスペックの製品を売れるか？いくらかかるか？	どのように保守を行えばよいか？いくらかかるか？
製品構成単位	機能単位	設計単位	購買単位	生産管理単位	販売管理単位	保守単位
製品構成情報イメージ	製品 測定部 伝達部 制御部	製品 メカ エレキ ソフト	製品 内製品 購入品（特注品） 購入品（一般品）	製品 操作ユニット 駆動ユニット 筐体	製品 筐体（赤） 筐体（青） 防音オプション	製品 電装品交換ユニット シール部品 交換不可部

　1人目の設計担当は、製品Aがどのような機能・性能を実現する製品になりそうか検証する目的で製品Aの情報を見たいと言っています。測定部、伝達部、制御部という具合に、製品Aの情報が機能別に整理され、その下に各機能に関する部品の情報が整理されていれば、この設計担当は製品情報を使いやすいわけです。

　2人目の設計担当は、自分の設計担当範囲を確認する目的で製品Aの情報を見たいと言っています。メカ、エレキ、ソフトという具合に、設計分野別に製品Aの情報が整理され、そこにつながる形で各分野に含まれる部品の情報が整理されていれば、この設計担当は製品情報を使いやすいわけです。

　購買担当は、調達方法を確認する目的で製品Aの情報を見たいと言っています。同じ製品Aの情報でも内製品か購入品（特注品）か、購入品（一般品）かといった購買単位で情報が整理されていれば、この購買担当は製品情報を使いやすいわけです。製品Aを実現するために、どのサプライヤーからどのような部品を調達すべきかを検討しなければならないので、その観点に合った流れで情報を見たいわけです。

　同様に、製造担当なら生産管理単位で整理されている方が、製品情報を利用しやすくなります。操作ユニット、駆動ユニット、筐体といった切り

分けで情報が整理されていれば、中間在庫の状態などを管理しやすくなります。

　営業担当なら販売管理単位で見たいはずです。どの部品が標準で、どの部品がオプションなのかがわかりやすい情報整理を望みます。最後は保守担当ですが、この人たちは当然、保守単位で見たいわけです。定期的な交換が必要になる部品はどれか、あるユニットが壊れた場合にはどの部品を一緒に交換しなければならないか、一体型で交換が不可能な部品はどれかといった情報を求めているからです。

　同じ製品Aの情報でも、部署ごとに担当する業務が違えば、活用したい目的も異なります。そのため、目的に応じて異なるカテゴリーに整理して情報を提示する必要が出てきます。

　製品Aに関する製品情報全体はどこかで一元管理するにしても、製品構成情報をすべて同じにしてしまうと、ある場面では使いやすいけれど、ほかの場面では使いにくいといった事態になってしまいます。

　データの有効活用はDXの核心の1つです。これを実現するためには、1つの製品情報を多様な目的で活用しやすくする必要があります。DXの第一歩として、まずはその土台を整備しなければならないわけです。

　このような情報整理など、自動的にできるだろうと簡単に言う人がいます。しかし、実はそう簡単な問題ではありません。

　例えば、製造担当向けに生産管理単位で整理するといっても、製造方法は製品によって異なります。「ある製品に使う工程が別の製品にはない」とか「ある製品にだけ特化した組み立て方法がある」など、決まったロジックで自動的に処理することができないクリエイティブな要素が入ってくることが多いため、自動化が難しくなるわけです。

　またまったくの新製品の場合なら、前例のない新しい製造方法を採っていたり、情報のカテゴライズも既存製品と大きく異なるケースがあるでしょう。そうしたことをすべて考慮しなければ、製品情報をあらゆるビジネスで有効活用できるように提供することはできません。つまり、製品情

報の見せ方を自動的に処理することは、非常に難しいのです。

　それぞれの担当者の目的に対応しつつ、情報を一元管理しようと考えたとき、どのような仕組みでデータを蓄積し、連結していけばよいのでしょうか。その解答の一例を示したのが、図表6-3になります。モジュラー設計を実現した開発事例において、その製品構成情報をDXのために運用する際のフレームワークを表しています。

　20年ほど前までは、まだ試行錯誤の段階にあり、この方法に収斂されておらず、ほかの方法も検討していました。しかし、様々なメーカーで失敗や成功を重ね、試行錯誤を繰り返しながら最善の方法を考えていく中で、現在ではこの方法に落ち着いています。これはまさに、数々の失敗と経験の上に成立したコンセプトになります。主に製造業での試行錯誤から成立したものですが、最近は建設業でも同じフレームワークが利用され始めています。

　この運用フレームは、4つの階層からなっています。

　まず、個々のデータ管理は、情報の種類ごとにデータベースを統合して一元管理します。それが、図の一番下にある第1階層、製品関連情報データベース（DB）です。品目情報、顧客情報、パートナー情報、技術情報、コスト情報、品質情報などの種類別に統合されたDBで管理されています。

　個々のDBはお互いにつながり、縦横に連携できる構造になっています。1つのDBから情報を取る際に、関連する情報を他のDBから引っ張ってこれる環境にあります。

　次に、設計担当、製造担当、品質担当などが、それぞれのビジネス目的に応じて情報を見やすい形で整理し、提示する仕組みについて説明します。先ほどのDB群の1つ上の第2階層、「プラットフォーム（PF）の製品構成情報」と書かれた部分です。

　ここに、あらかじめ目的別に情報を整理して提示するための多数のツリー構造が用意されており、それぞれのツリー構造に従って情報DBから情報を引き出し、整理できる仕組みを整えています。情報をカテゴリーご

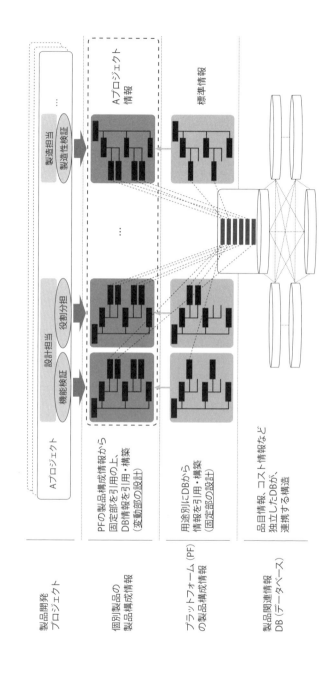

図表 6−3 モジュラー設計時の製品構成情報運用

198

とに分け、グルーピングして見ていけます。例えば先述した事例のように、設計担当が「機能を判断したいとき」と「自分の責任範囲を判断したいとき」で2種類のツリー構造を望む場合も想定し、それぞれのツリー構造が用意されているわけです。そこに最新情報を入れ込めば、見たい形で情報を見ることが可能になります。

　第2階層とその上の第3階層の2段は、モジュールに関わるところです。製品を新たに開発するときは、ゼロから作る場合ばかりではなく、標準的で変わらない部分は過去のモジュールをそのまま利用する場合が少なくありません。第2階層の「プラットフォーム（PF）の製品構成情報」とは、そうした固定部分の標準的な設計情報を集めたものでもあります。

　図表6-3の中に例として描いた樹形図をよく見ると、右側の部品がところどころ抜けています。例えば、第2階層と第3階層にある3つの樹形図の一番左側の樹形図を見てください。第2階層の樹形図は右側の部品が2つですが、第3階層は4つになっています。第2階層の2つの部品は標準的に使用する固定された共通部品であり、抜けている部分は新製品のためにこれから作る部品を示しています。ここを埋めて新製品を設計してくださいという意味です。こうしておけば、設計者はどの部品が共通部品で、どの部品を新たに設計しなければならないかがすぐにわかります。このように樹形図を作り、データを見せていくことも、多様なニーズに応え、担当者の負担を減らす方策の1つとして有効です。

　ここで紹介した方法以外にも、データ管理の方法はあります。例えば、よく見られるパターンに、プロジェクト単位にツリー構造と製品データを併せた形で持っておく仕組みがあります。ツリー構造に整理した構成情報に、品質情報やコスト情報を載せるのです。この方法の特長は、必要な情報を都度第1階層の各DBから取ってくるのではなく、ツリー構造とデータを一体化させて管理している点にあります。

　この方法を採れば、プロジェクトの担当者から見ると非常に使いやすいものにできます。システム間を連携させるメカニズムも不要になるので、

システム構築も楽になるメリットがあります。

　しかし、ある部品がどの製品で使われているか把握するのが難しいため、例えば会社全体で、ある部品のコスト分析をしたいとなった場合に、プロジェクトのファイルを1つずつ開き、このプロジェクトに使われている部品、別のプロジェクトに使われている部品という具合に、部品の情報を集めてくる必要が生じます。これでは、DXの本来の目的を達成することが難しくなります。

　図表6-3に示した方法は、システム構成が多少複雑になりますが、プロジェクトごとの分析でも会社全体での分析でも自在にできる構造になっています。よりDXに向いた方法です。

　データはDBで一元管理し、多数のツリー構造からデータが見られる仕組みにすることで、社内に存在するあらゆる情報を多様な目的や用途に合わせて活用するためのプラットフォームが完成します。DXの第一歩として、検討すべきテーマだと考えます。

勘所 製品情報・プロセス情報・経営情報の連結

　デジタル活用の勘所の2つ目、「モノとプロセスの同時進化に向けた製品情報・プロセス情報・経営情報の連結」について解説します。

　モノの情報に関しては、これまで説明してきたような形で、製品構成のツリー構造を基盤に様々なDBから必要に応じて情報を引っ張ってくる仕組みが有効になります。それをビジネスのプロセスと融合させる場合、この製品構成情報とプロセスの情報を連携させることになります。その際のポイントは、製品構成情報の階層をうまく使っていくことです（図表6-4）。

　前項で説明したように、製品Aの構成を測定部や伝達部のような機能別に分解したり、エレキやメカのようなカテゴリー別に分解します。その下の階層を作る際に、例えば構想設計でやるべき部分で1階層、その次の基本設計に関して1階層、詳細設計について1階層という具合に、プロセス

図表6-4　フロントローディング時の製品構成情報運用

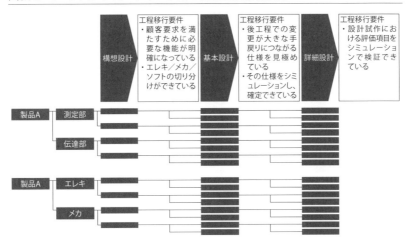

ごとに必要な情報の粒度に分けて定義しておくと、プロセスマネジメントにも使いやすいものにできます。

　例えば構想設計の段階では、まず製品を構成する大きな骨格となる部品やモジュールだけに注目してシミュレーションを行い、狙った機能や性能が実現できるかどうかを評価、設計することが多いです。大きな部品の配置さえわかっていれば、熱シミュレーションは可能です。この段階では上下20％の誤差で収まるといった大きな性能が見えてさえいれば、後工程で発生する大きな手戻りを防ぐことができるからです。この段階で詳細設計にしか使わないような細かい部品情報があっても、邪魔で使いづらいだけです。

　同様な理由で、基本設計、詳細設計で階層を分け、大きな情報から詳細な情報へと整理して管理することで、開発プロセスの各担当者ごとに使いやすい情報活用を実現できます。

　しかしここでよく問題になるのは、何をもって工程の切れ目とするか、その判断基準の設定です。例えば、詳細設計は設計プロセスの最後にある行程なので、最終図面の出力が工程の終了になります。これなら、明確に

図表 6-5　構想設計工程における完了基準定義例

製品	特性	構想設計完了基準定義例
折り畳み式携帯電話機	極限の小型化を追求しているため、液晶側筐体に配置する部品とキーボード側筐体の部品が入れ替えになると、大幅な設計変更が必要になる	液晶側／キーボード側に配置する部品の確定
	機能 A はハードでもソフトでも実現可能だが、ハードの場合は発熱が増し、ソフトの場合は専用 IC の追加により製品の厚みが増すというように課題となる点が異なるため、実現方法に変更があると広範囲な設計変更を引き起こす可能性がある	機能 A の実装技術の確定
電子計測器	筐体内の温度が性能に直結するため、放熱を左右する排気流路は重要であり、温度が高すぎる場合には排気流路を修正せざるを得ない。しかし設計が進んでからでは、設計変更の工数が増えてしまう	排気流路の確定
	機能 B は、電気回路のみ、または電気回路＋FPGA のいずれでも実現可能だが、方式によって機構的な部品配置、コスト、仕様変更の容易さへの影響が大きいため、実現方法に変更があると広範囲な設計変更を引き起こす可能性がある	機能 B の電気回路実装方式（FPGA 使用有無）の確定
画像処理装置	データの処理スピードが性能に直結するため、CPU やメモリーの処理性能は重要であり、性能が不足する場合は CPU やメモリーを変更さぜるを得ない。しかし設計が進んでからでは、設計変更の工数が増えてしまう	CPU、メモリーの確定
	機能 C は、光学系またはソフトで実現可能だが、方式によって処理スピード、コストへの影響が大きいため、実現方式に変更があると広範囲な設計変更を引き起こす可能性がある	機能 C の実現方式の確定

＊ FPGA：Field Programmable Gate Array、CPU：中央演算処理装置

判断しやすいです。しかし、設計プロセスの中間に位置する構想設計や基本設計については、何をもって工程が終了し、次の工程へ移るのか、その判断基準を明確にしにくいという課題があります。

　そこで、構想設計から基本設計へ移行する際の判断基準となる「工程移行要件」の事例を図表6-5にいくつか示しました。事例としては少し古いですが、わかりやすい事例です。判断基準に求められる条件が見えてくると思います。

　図表6-5の一番上にある「折り畳み式携帯電話機」は、とにかく小型化

を追求した製品です。製品筐体内のスペース活用を極限まで最適化することを目指した開発になりました。このため、液晶側の筐体に配置する部品と、キーボード型の筐体に配置する部品が、開発プロセスの後工程になってから入れ替えになると大量の設計変更が必要になり、大きな手戻りとなります。

液晶側筐体の内部で部品配置の変更が起きても大きな問題にはなりませんし、キーボード側でもそれは同じです。つまり、各筐体内での変更は後工程で発生してもよいですが、両者間での部品の移動は防ぐ必要があります。

そうした特性があるときに、構想設計の段階で目指すことは、とにかく液晶側とキーボード側に配置する部品が絶対に変わらないというレベルまで設計を確定しておくことです。このため、本事例ではそれを構想設計の完了基準に定めました。

次も同じ製品の事例です。機能Aはハードウエアでもソフトウエアでも実現可能ですが、それぞれで対策すべき設計課題が大きく異なります。このため、開発プロセスの前工程で一度どちらかに決めたら、後工程では決して変更しないことが望ましいわけです。こうした特性を勘案し、このケースでは「機能Aの実装技術の確定」を構想設計の完了基準としました。

図表6-5の中段にある電子計測器の事例では、筐体内の温度が性能にシビアに影響するため、排気流路の設計が非常に重要な開発要件となりました。このため、設計が進んでから排気流路が変更になると、多くの部品設計を変更しなければならなくなり、大きな手戻りになります。このケースでは、排気流路の確定を構想設計の完了基準に設定しました。

このように、製品ごとに「これが起きると大きな手戻りが発生する」という条件があります。そうした製品特性を構想設計のゴールに定めることは多いです。過去の製品開発を振り返り、大きな手戻りを引き起こした例や、工数増加が想定される大きな変更を勘案し、構想設計の段階で最低限決めておかなければならないことを決めます。それを構想設計の完了基準

に設定していくのが妥当であり、開発プロセスの大きな手戻りを減らすことができます。

よく見られる失敗は、「ソフトウエア、ハードウエア、エレクトロニクスの切り分けができること」という具合に、具体的な基準が示されていないケースです。何をどう切り分けるのかわかりません。基準を明確にしなければ移行条件は曖昧になります。携帯電話の事例のように「液晶側の筐体とキーボード側の筐体に配置する部品構成を決める」というように、具体的に決めるべきです。

事例 超長期にわたる研究基盤の整備

第2の勘所「モノとプロセスの同時進化に向けた製品情報・プロセス情報・経営情報の連結」の事例を紹介します。勘所で説明した業務より上流の超長期にわたる研究基盤の整備を検討した事例です。

近年、超長期の研究プロセスやデータ管理についてしっかりと整備、運営していこうとする企業が増えています。しかし、30〜50年先、まさに「超長期」と言われる研究テーマをどう検討し、管理していけばよいのでしょうか。その検討プロセスを示したのが、図表6-6です。

超長期の研究テーマを策定するには、まず未来がどうなっているか予測できることを確認したうえで、未来の世界観をデザインする必要があります。

そのために最初にやるべきことは、「未来予測情報」と「変化の兆し情報」の収集です。「未来予測情報」とは、未来の世界観のデザインに活用できる多数の情報の中で、人口動態調査結果のような確度の高い情報を指します。

それに対し、「変化の兆し情報」とは、不確実性が高く実際には起きない可能性も十分にありますが、これが起きた場合には未来の世界観に大きなインパクトを与える可能性のあるものや事象に関する情報です。

図表6-6　超長期研究プロセス

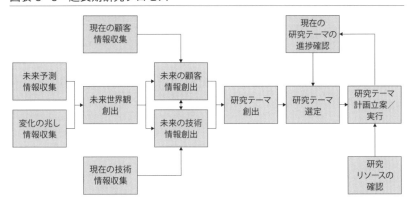

　前者は誰もが入手できる公的な統計などの情報が多く、後者は自社がビジネスの中で独自に関係を築いたステークホルダーから得た情報など、独自のルートから入ってくるオリジナリティの高い情報である場合が多いです。まずはこの2種類の情報を収集し、未来の世界観をデザインするための材料とします。

　次に、それらの情報に基づいて「未来の世界観」を描きます。これは、未来の社会や人々の生活を純粋にデザインする工程です。いきなり具体的な製品やサービスを考えるものではありません。

　例えば、将来は食料やエネルギーを地域でまかなうことが当たり前になっているとか、定住しないという選択肢ができる、人が疲れに悩まされることはなくなる、文化活動の重要性が高まる、といった大きなテーマに関する話になります。

　そして矢印はそこから右へと進み、「未来の顧客情報」と「未来の技術情報」の2つを創出します。

　前者は未来社会で想定される人々の属性やニーズ。後者は未来社会に必要とされる技術や、自社が保有できる可能性のある技術に関する情報です。例えば、食品の鮮度を長く保てる技術、安全な自動運転の技術、クリーンエネルギーに関する技術などが含まれるかもしれません。

これは「創出」であり、「分析」ではありません。つまり、クリエイティブにデザインするという意味になります。デザインといっても、単なる思い付きでは駄目です。収集した情報から創出できる、根拠のある世界観という意味になります。

　自社の顧客や技術だけでなく、社会全般の人々や技術も広く勘案し、未来像を描き出したうえで、自社の研究開発において考えられるテーマを検討します。「誰に対してどのような価値を、どのような技術で提供するか」といった文脈で検討します。これが「研究テーマ創出」の工程です。

　そして、「研究テーマ選定」に進みます。創出した複数の研究テーマの中から、実際に研究すべきテーマを選び出すわけです。テーマを選定した後は、「研究テーマ計画立案／実行」に進みます。ここでは「研究リソースの確認」も必要になります。

　この後は、「研究テーマ計画立案／実行」「現在の研究テーマの進捗確認」「研究テーマ選定」のサイクルを回しながら、実際に研究活動を進めていきます。

　近年、30〜50年先の未来を見据えたような研究テーマの創出、選定、計画立案、実行がよく行われるようになりました。こういった超長期の研究プロセスを運営する際は、これを支えるデータ基盤の整備が非常に重要なポイントになります。

　情報収集やワークショップを繰り返して材料を集め、いざ研究をやろうとしても、30〜50年先を見据えた研究になるので、研究を進めていく過程で研究テーマを選定した当時の前提条件や情報が変わってきます。

　したがって、研究を進めていきながら、新しい情報を収集して研究の方向性を常に修正していかなければなりません。このため、半年や1年ごとにワークショップなどを実施し、今の研究テーマに修正が必要かどうかを見直します。

　そうした方向修正を確実に進めていくために、データ整備が求められるというわけです。この事例で構築した情報管理のイメージを、図表6-7に

図表6-7　超長期研究の情報管理イメージ

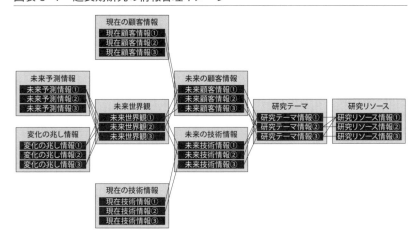

示しました。

　前述した検討プロセスの各フェーズごとに、対応する情報管理基盤が必要になります。この基盤でプロセスごとに必要な情報を管理し、それらを横に関連付けて管理します。

　例えば、「未来世界観①」を描いた当時は、「未来予測情報①」と「変化の兆し情報①」を使って検討しました。この関連性を保持しながら情報を管理します。これにより、ある決定をした根拠となった情報がどこにあるか、どの情報はどの情報を基に検討されたのか、後からトレースできるようにします。

　このようにトレーサビリティを保つ形で情報を管理しておかないと、検討の基になった前提条件に後から変化が生じた場合、修正が困難になります。

　例えば「急激に進むと考えていた日本の人口の減り方が、想定より緩やかになった」という変化が生じた場合です。この情報がどの世界観に関連しているのか、どの情報がどの決定に影響しているのかがわからないと、

すべての決定を見直さなければならなくなります。お互いの関連性を含めて情報を管理しておけば、ある特定の情報に変化があった場合に、その情報がどの世界観や決定に影響しているかが特定できます。すべての世界観や決定を見直す必要はなく、関連する部分のみを見直せばよくなるわけです。その結果、対象となる変化によって研究テーマの変更まで必要になるかどうかを、ある程度明確に把握できるようになります。

このように、製品情報やプロセス情報、経営情報など、様々な情報を管理する場合は、その関連性まで含めて管理しておくと、後から発生する変化や課題に対して強い情報基盤にすることができ、見直しに大きな工数がかかることを防ぐことが可能になります。

事例 オープンイノベーション戦略策定基盤の整備

続いて、実効性の高いオープンイノベーションを検討するための「オープンイノベーション戦略策定基盤」を整備した事例を紹介します。

近年、人工知能（AI）やモノのインターネット（IoT）のような新しい技術をビジネスに取り入れ、イノベーションを起こそうとする企業が増えています。しかし、世界中でDXが進む中、世の中には多数の新技術が生まれています。それらをやみくもに持ってきても、具体的な成果につながるとは限りません。

例えば、化学品や金属部品などの歴史あるメーカーが、IoTを活用して新しい可能性を見出したいような場合、ハイテク企業との連携が必要になります。このとき、自社のコア事業とハイテク企業が持つ技術や製品の関連性を周到に検討しないと、必然性のない企業と共同研究をしてしまうことになりかねません。効果的な投資を行うためには、イノベーションを生み出せる可能性を客観的に見極めながら相手先企業を選定する必要があります。また、仮にイノベーションを生み出せても、そこに市場性がなければ無駄になってしまう可能性もあります。

そうした事態を防ぐために、自社が持っている技術とどのような新技術

を組み合わせるべきか、どのようなパートナーと組んでいくべきなのかを
しっかりと検討する必要があります。「自社が持つ技術とリソース」「取り
入れるべき技術」「期待できる市場性」の3つの視点に基づき、客観的に検
討、評価できるようなツールが求められているわけです。

T型マトリクスのイメージ

　こうした検討を支援するのが「イノベーションテーマT型マトリクス」
です（図表6-8）。

　同マトリクスは、「技術」「価値」「顧客」の3つの軸を同時に見ていくこ
とができます。「技術と価値」と「顧客と価値」の2つのマトリクスを合体
させた構造をしています。「価値」を中心に、左に「技術」、右に「顧客」
が配置されています。図表6-8の項目が書かれた部分（薄いグレーの部分）
を見ると「T」の文字に見えることから、「T型マトリクス」と呼んでいま
す。

　「顧客」の欄を見ると、「国内」と「海外」があります。「国内」はさら
に「既存顧客」と「新規顧客」に分かれています。このような顧客セグメ
ントは目的や状況に応じて適宜設定します。それぞれの下に「顧客（1）」
「顧客（2）」という具合に、見込み顧客を含めたすべての顧客を配置しま
す。

　真ん中にある「価値」の欄に、「価値（1）」「価値（2）」という具合に、
実現できる価値を並べます。例えば、「非接触で長さを測定できる」「引っ
張り力に強い」「精度高くモノを移動できる」などのような価値です。

　そして、「顧客（1）には価値（1）が価値になる」「顧客（4）には価値（4）
が価値になる」という具合に、顧客と価値を結びつけていきます。

　これにより、例えば「顧客（1）は非接触で長さを測定できることには
価値を感じるが、引っ張り力に強いことには価値を感じない」という具合
に、顧客と創造しようとしている価値との関係性をわかりやすく可視化で
きます。

図表6-8　イノベーションテーマT型マトリクスのイメージ

経営戦略・事業戦略

個別テーマの骨子（技術、価値、顧客）が分かる　　全体として、技術、価値、顧客への集中度が分かる

技術						価値	顧客					
外部パートナー		自社					国内				海外	
		B事業		A事業			既存顧客		新規顧客			
技術(6)	技術(5)	技術(4)	技術(3)	技術(2)	技術(1)		顧客(1)	顧客(2)	顧客(3)	顧客(4)	顧客(5)	顧客(6)
難	易	難	易		中		大	中	大	小	小	大
						価値(1)		✓				
		シーズ起点のアイデア出しができる							✓			
			✓	✓		価値(3)			✓			
						価値(4)						
✓		✓	✓	ニーズ起点のアイデア出しができる		価値(6)					✓	

既存技術／新規技術や既存顧客／新規顧客のバランスが分かる

能力（技術など）だけでなく、価値や顧客を考えなくてはならない

新規事業開発ロードマップ

　同様に、「技術」と「価値」の関係性も検討します。

　技術には、自社が持っている技術と外部パートナーが持っている技術があり、自社の技術については自社の事業が関連付けられています。このような技術セグメントは目的や状況に応じて適宜設定します。

　ここで、先ほどの「非接触で長さを測定できる」という価値は、「自社が持つ撮影技術」と「外部パートナーが持つ画像処理技術」を組み合わせれば提供できる、という具合に、価値と技術の関連性をチェックしていきます。「距離の測定技術」と「機械駆動技術」を組み合わせれば、先ほどの「精度高くモノを移動できる」という価値が提供できる、などです。

　自社の技術だけで提供できる価値もあれば、外部パートナーとの協業によって提供できる価値もあるでしょう。これを活用することで、所有している技術を組み合わせて創出できる新たな価値を見つけたり、外部からこの技術を探してくればこの価値を提供できたりする、といった分析が可能になります。

このマトリクスでは、まず「シーズ起点のアイデア出し」ができます。「この技術とこの技術を組み合わせると、こういう価値を提供できる」という具合です。そして、マトリクスの右側を見れば、「その価値が実現できれば、この顧客に提案できる」という市場性も同時にわかります。

　次に、「ニーズ起点のアイデア出し」もできます。「この顧客はこういう価値を求めている。その価値は、この技術とこの技術を組み合わせれば実現できる」という具合です。
　「顧客」の欄には、まだ取り引きのない顧客名を加えることもできますし、「技術」の欄にこれから連携を模索し始める企業名を入れることも可能です。
　自社技術の開発の方向性、他社とのオープンイノベーションの可能性、それを実現した場合の市場性や見込み客の状況などを、縦横に検討できるわけです。同時に、すでに進めている研究開発やオープンイノベーションの将来性を評価することもできます。
　どんな技術を開発すべきか、イノベーションを模索していくかを検討する際に、技術の価値と方向性ばかり見ている企業は少なくありません。しかし、それを望んでいる顧客がどれくらいいるのか、市場性がどれくらいあるかも同レベルで検討すべきです。このマトリクスは、その両方を1つのシートで可視化できる点が優れていると考えています。

T型マトリクスの使い方
　このマトリクスをどう使っていくのか。少し詳しく紹介したのが図表6-9です。
　先ほどのマトリクスでは、関連性の高いマスにチェックを入れるような形で関連性の有無、すなわち「1」か「0」かだけを表示していました。しかしもう少し詳細に、例えばその強弱を最低3段階ぐらいで表現していくと、さらに実効性の高い検討が可能になります。
　例えば、その顧客から見て「どうしても欲しい」のか、「妥当な対価な

図表6-9 イノベーションテーマT型マトリクスの記入方法

能力						価値	顧客					
外部パートナー			自社				A業界		B業界		C業界	
能力(6)	能力(5)	能力(4)	能力(3)	能力(2)	能力(1)		顧客(1)	顧客(2)	顧客(3)	顧客(4)	顧客(5)	顧客(6)
難	易	中	中	易	中		大	中	大	小	小	小
		✓			✓	価値(1)	○**サービス		◎**製品			
		✓			✓	価値(2)		◎**サービス	○**サービス			
		✓		✓		価値(3)	△**製品					
	✓			✓		価値(4)		○**サービス		○**製品		
	✓					価値(5)	○**製品				◎**サービス	
✓			✓			価値(6)						◎**サービス

能力（4）不確実性はあるが、様々な用途開発に貢献できる（テーマが束になっている）
能力（5）価値提供の実現性は高いが、市場開拓の可能性が低い
能力（6）価値提供、市場開拓の可能性は高いが、開拓できる顧客は限定されている（飛び地のテーマ）

ら欲しい」のか、「あればいいな」くらいにしか思っていないかなどを、ひと目でわかるようにしておくわけです。これを、例えば顧客数に応じて「大」「中」「小」で評価、記入します（図表6-9）。こうしておけば、市場規模がひと目でわかり、マトリクス上で価値の大きさを比較できるようになります。図表6-9では、仮に「大：100万人以上」「中：1万人以上100万人未満」「小：1万人未満」としています。

　こうした市場の重みづけは、重要度でも想定売上高でもよいです。有用性の高い評価を使いましょう。また、「能力」の方でも重みづけをしています。この事例では、「易：既に保有」「中：保有できる可能性が高い」「難：保有できない可能性が高い」としました。

　顧客が求める価値に対するニーズの強さも、「対価に糸目を付けないくらい欲しい」「妥当な対価なら欲しい」「他の価値のオマケとして付いてくるなら欲しい」という具合に重みづけしています。このように、何らかの評価がひと目でわかる工夫を加えることで、マトリクスによる検討の効果

が高まります。

　また、顧客に対してある価値を提供する際に、競合するサービスや製品が市場に存在しているかどうかもビジネス上の重要な検討課題になります。この例では、マス目の中にサービスや製品の名称を記入しています。

　図の左側、「能力」を表すマトリクスでは、自社の優位性に関する重みづけをしています。この例では、競合他社に対して自社が優位性を発揮できる度合いに応じて、「可能性が高い」「可能性が低いがある」「可能性はほぼない」といった段階を作り、マス目の色で表現しました。色が濃いほど可能性が高いとわかります。同様に、右側の「顧客」を表す部分では、価値実現性を評価して色分けしています。「ほぼ確実に因果関係がある」「結びつく可能性が高い」「検討の余地はあるが結びつかない可能性もある」という具合で、色が濃い方が可能性が高いとわかるようにしています。

　このように文字や色で評価がわかるようにしておくと、より詳細な検討が可能になります。

　例えば、「能力（4）」の欄を縦に見ると、濃い色のマスが1つ、薄い色のマスが2つあります。上から3つ目のマスは薄い色になっているので、これだけを見ると不確実だという評価になります。しかし、その行を右へ見ていくと、「顧客（1）」という非常に大規模な市場のマスが濃い色になっています。つまり「不確実性はあるが、様々な用途開発に貢献できる」と評価でき、より実態に即した検討が可能になるわけです。

　また、「能力（5）」については、縦の列を見ていくと濃い色のマスが2つありますから、実現性が高いとわかります。しかし、対応する右側のマトリクスを見ると、どのマスの色も薄いので、市場開拓の可能性は低いことがわかります。

　「能力（6）」は「価値（6）」にしか結びつきませんが、濃い色になっているので、価値提供や市場開拓の可能性は高いです。しかし、該当する「顧客（6）」の規模を見ると「小」になっているため、開拓できる市場規模は限定されていることがわかります。

「能力（4）」を縦に見ると、「価値（1）」「価値（2）」「価値（3）」という3つの価値につながり、かつそれを欲しがっている顧客も多数あることから、非常に汎用性の高いテーマであることがわかります。

　「能力（3）」と「能力（6）」は、どちらも「価値（6）」と「顧客（6）」という、1つの価値と市場にしか結びつかないため、「飛び地のテーマ」と呼ばれます。

　このような判断をしながら、自社開発や他社との連携を検討していくと、実効性の高いオープンイノベーションの可能性を模索できます。やみくもに様々な企業と連携し、価値のないイノベーションに投資するような失敗を避けるためのツールとして有用です。オープンイノベーションを意識してやっているのか、意識してやっていないのかによって、将来の企業価値は大きく左右されることになるでしょう。

　また、このマトリクスは少し数が増えると分析が大変になります。そこで、このプラットフォームをデジタル化することをお勧めしています。必要なデータを入力すれば、重要度の高いものだけがパッと出てくるとか、紐づいているものだけが目立って可視化されるなど、分析や検討を支援する機能を持たせるとよいでしょう。実際に、そうしたツールを開発している企業があります。

勘所 製品への影響視点による重要情報の絞り込み

　勘所の3つ目、「製品への影響視点による重要情報の絞り込み」について、解説します。構想／基本設計段階のデザインレビュー（DR）の際にチェックリストの絞り込みを行う場合を想定します。

　構想／基本設計段階のデザインレビューで非常に重要になることは、「製品への影響」という観点から重要情報を絞り込むことです。

　試作評価や市場で問題が起これば起こるほど、デザインレビューや試作評価のチェック項目はどんどん増えていきます。また、フロントローディ

ング活動を行うと源流工程からチェックを行うことになり、全体としての
チェック項目が増加します。フロントローディングをしっかりやっている
企業ほど、これに苦しめられることになります。

　いくら問題が増えても、解決に使える時間とリソースは限られていま
す。経営側としては当然、すべての課題をクリアしてから製品を出したい
ですから、建前上は「すべての課題を解決せよ」と指示するわけです。

　しかしそうは言っても、開発期間とリソースには限りがあります。すべ
ての課題を解決することが難しい場合もあるでしょう。そこで、多くの課
題をしっかりと評価し、優先順位付けをして、解決すべき課題を選択して
対応していくことになります。

　なお、チェックをする項目としない項目の優先順位付けができるのは、
あくまでも構想／基本設計段階だからです。市場投入するまでには、どこ
かの工程で必ずチェックします。構想／基本設計段階でもチェックするの
は後工程で大きな手戻りを防止するためです。後工程で発見しても軽微な
修正で済むことは省略しようという考え方です。

　このとき、開発者の勝手な判断で課題を絞り込むことは避ける必要があ
ります。重大な課題を残す結果になったり、後で問題が起きれば開発者個
人の責任が追及されることになるからです。

　そこで、すべての課題を客観的に評価し、優先順位を付けていくことが
求められます。これを誰の目にも納得できる形でシステマティックに行
い、優先順位を付けてきちんと解決していくことが重要です。

　重要度の高い課題から解決していけば、製品が市場に出てから大きな不
具合が発生する事態を最大限に防ぐことができます。また、限られた時間
とリソースの中で課題解決に挑んでいることは、経営も社員も皆わかって
いるのですから、しっかりとしたデザインレビューが行われていれば、最
善を尽くしたことが認められます。責任が問われる可能性を最小にするこ
とができます。

チェック項目を絞り込む技術

　デザインレビューのチェック項目をうまく絞り込んでいくための技術を解説します。

　チェック項目と対象を絞り込む作業フローを図表6-10に示しました。前半で製品の「複雑度軽減」を行い、後半で「評価項目・対象絞り込み」を行います。

　まず、構想設計／基本設計を進めていく段階で「SRM（Structure Relation Matrix：構造関係表）」を作ります。これは、部品と仕様の関係性を示す表です。次に複雑度をチェックし、複雑度軽減の必要性を判断します。

　ここで軽減が必要だと判断されたら、それを設計に戻って反映し、また複雑度をチェックする。このループをまずは繰り返し、これ以上の複雑度の軽減は難しいという段階まで持っていきます。これは要するに、前段で解説したモジュール化を進めているのと同じことになります。

　複雑度を軽減してから、「チェック項目絞り込みの必要性」を判断します。必要ない場合には「構想／基本設計DR」へ進みます。

　絞り込みが必要になる場合には、いくつかの視点から段階を経て絞り込みを行います。その主な選定視点は以下のとおりです。

〈モジュール・部品の選定視点〉
新規度
● モジュール・部品の新規性の高さ
● 1〜5の5段階レベルで表現
● 未経験の設計ほどレベルが高い

影響度
● モジュール・部品が評価項目に及ぼす影響の大きさ
● モジュール・部品が関係している評価項目の数で表現

図表6-10 デザインレビューチェック項目・同対象の選定フロー

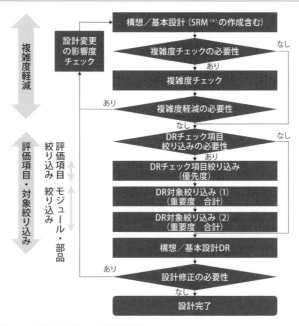

＊ SRM は、Structure Relation Matrix：構造関係表

- 数が多いほど影響が大きい

重要度（合計）

- モジュール・部品のDRチェックの重要度の高さ
- モジュール・部品の新規度と、評価項目の優先度の高い方の数値を合計した値
- 数が多いほど重要度が高い

重要度（平均）

- モジュール・部品が関連する評価項目の平均重要度
- モジュール・部品の重要度の合計をモジュール・部品の影響度で割っ

た値

- 数が多いほど重要な評価項目との関連が強い

〈評価項目の選定視点〉

優先度

- 評価項目の優先度の高さ
- 1-5の5段階レベルで表現
- 顧客満足・迷惑度が高いほどレベルが高い

複雑度

- 評価項目実現のための部品構成の複雑性の高さ
- 評価項目の実現に必要となるモジュール・部品の数で表現
- 数が多いほど評価項目実現方法が複雑

〈共通の選定視点〉

重要度（素点）

- モジュール・部品と評価項目の関連性の重要度
- モジュール・部品の新規度と、評価項目の優先度のうち、高い方のレベルで表現
- レベルが高いほど関連性が重要

　評価対象となるモジュールや部品のチェック項目を評価する際には、「新規度」「影響度」「重要度（合計）」「重要度（平均）」といった視点で行います。また、評価項目の絞り込みは「優先度」と「複雑度」の2つの視点から行うとよいでしょう。

「優先度」と「複雑度」で絞り込む

　デザインレビューの流れを追いながら、1つひとつの段階で何をすべきかを解説していきます。

まず、評価項目体系（案）を作り、表の上部に記載します（図表6-11）。

　本書の第3章で紹介した画像処理検査装置の事例であれば、光源ユニットの評価項目として「光源の輝度」や「光源温度安定性」を見ていこう、「異物の明度」を見ようという具合に、評価項目を記入していきます。なお、記入する評価項目は、以降の手順で具体化していくため、この時点で可能なものだけ記入すれば問題ありません。

　続いて、列挙した評価項目の優先度を評価します。図表6-11では「光源の輝度」が3点、「光源温度安定性」は5点、「異物の明度」は5点という具合に評価しています。このようにして、まずは評価すべき項目のリストを作っていきます。

　次に、同じ表の左部に部品構成（案）を記入していきます。

　ここでは、構想設計時点での部品構成（案）を掘り下げます。前に述べた機能部位別の製品構成情報にあたる形で各部品の名称と個数を記入します。

　新規性の高い部品の方が評価の優先順位が高まりますので、個数のすぐ右側の欄に新規度を記入しています。これも、5点、2点という具合に定量的に記入します。

　次に、各評価項目ごとに影響するモジュールや部品に「〇」をつけ、評価項目とモジュールや部品の関連性を可視化します。製品構造はできるだけ評価項目とモジュール・部品の関係がシンプルになるように（〇の数が少なくなるように）することが望ましいですが、この後の手順で製品構造を改善していくため、この時点の構造を記入すれば問題ありません。

　この表を用いて部品構造（案）を充実させていきます。通常モジュール化の検討は製品開発前に行われますが、製品開発を開始した後、構想設計中に設計を進めながら検討をさらに充実させていくイメージになります。ここまでに記入した内容は、プラットフォームとしてあらかじめ作って持っているもので、それを使って今回の開発を進めるために必要な評価項目を作るといったイメージになります。

図表 6-11　評価項目体系案・製品構成案の記入、製品の複雑度チェック

モジュール・部品構成								
L1	L2	L3	L4	L5	個数	新規度	変更有無	評価有無
異物選別システム								
	投入用傾斜コンベア							
	選別機							
		光源部						
			光源					
				ランプ	7	5		
				ソケット	14	2		
				電源	1	2		
				インバーター	7	4		
				電源系電線	14	2		
				ガラス板	1	2		
				偏光フィルム	1	5		
				⋮	⋮	⋮		

　部品構造（案）充実に向けては、まず複雑度をチェックします。「○」をつけたマスを縦軸に見ていき、「○」の個数を数えて一番下にある「個数（複雑度）」の欄に記入します。ここで、機能と部品やモジュールの関係性が1対1になっていればモジュール型ですが、○が多いほど擦り合わせ度が高いという評価になります。たくさんの「○」がついている仕様を実現している部品を見て、もう少しモジュール化できないかどうか、その可能性を検討します。複雑度を見ながらモジュール化を検討し、製品の構造をよりシンプルにしていくことができます。

評価項目	L1	光源		異物の明度			
	L2	光源の輝度	光源温度安定性				
	L3						
	優先度	3	5	5			
	評価有無			○			
					重要度（合計）	個数（影響度）	重要度（平均）
		○	○	○		4	
						0	
		○	○			2	
			○	○		4	
						0	
			○	○		2	
				○		2	
		⋮	⋮	⋮		⋮	
個数（複雑度）		2	9	6			

　図表6-11では、個数（複雑度）が9の光源温度安定性、6の異物の明度が評価項目の改善対象候補、個数（影響度）が4のランプ、インバーター、2の電源、ガラス板、偏光フィルムが製品構造の改善対象候補になります。

　以下の検討によって製品構造をよりシンプルにし、複雑度を低減したものが図表6-12になります。

- 光源温度安定性の評価項目を、ランプの輝度安定性、光源温度測定精度、送風量、空冷ファンOn／Off間隔、ランプ寿命に詳細化し、モ

図表6-12　モジュール・部品、評価項目のシンプル化、評価項目・対象の絞

モジュール・部品構成								
L1	L2	L3	L4	L5	個数	新規度	変更有無	評価有無
異物選別システム								
	投入用傾斜コンベア							
	選別機							
		光源部						
			光源					
				ランプ	7	5		○
				ソケット	14	2		
				電源	1	2		
				インバーター	7	4		○
				電源系電線	14	2		
				偏光ガラス	1	5	○	○

　ジュール・部品と評価項目の関係をシンプル化
- ガラス板と偏光フィルムを偏光ガラスに置き換え、部品点数を削減

　図表6-11の個数（複雑度）は最高2、9、6でしたが、図表6-12では2、2、1、1、2、1、5となり、モジュール・部品と評価項目の関係がシンプルになりました。このように複雑度を利用して、製品の構造を改善していきます。
　次に、設計変更の影響度をチェックしていきます。

り込み

評価項目	L1	光源							異物の明度	重要度（合計）	個数（影響度）	重要度（平均）
	L2		光源温度安定性									
	L3	光源の輝度	ランプの輝度安定性	光源温度の測定精度	送風量	空冷ファンOn／Off間隔	ランプ寿命					
	優先度	3	5	5	3	3	3	5			
	評価有無			○	○			○			
		5	5			5	5	5	30	6	5.0
									2	1	2.0
		3	5						8	2	4.0
							5		19	4	4.8
									2	1	2
							5		15	3	5.0
	個数（複雑度）	2	2	1	1	2	1	5			

　モジュールや部品が関係している評価項目を見て、評価項目への影響度をチェックし、設計変更すべきモジュールや部品を選定していきます。例えば、図表6-12のモジュールや部品のL4項目にある「光源」の内部にある「ランプ」は、6つの評価項目に関係している部品であることがわかります。これを「影響度」と呼んでいます。ランプのように影響度の高い部品は、設計変更を行った際、様々な評価項目に影響を与えるため、設計変更を行うに際しては慎重な判断が求められます。影響度の低い他の部品を設計変更することにより目的を達することができないかなど、十分な検討

のうえ、設計変更を行った方がよいでしょう。

　ここまでが評価項目を絞り込むための下準備になります。ここまででも
かなり細かく、容易ではない作業を要求されるので、準備というイメージ
とは程遠く感じられるかもしれません。しかし、「評価項目を減らす」と
いう全体の意図からすると、ここまでが下準備という位置づけになりま
す。

評価項目を絞り込む
　ここから、評価項目の絞り込みに入ります（図表6-12）。
　評価項目を絞り込む際は、「製品のユーザーの満足度に関わるかどうか」
とか「重大な事故に関わるかどうか」といった視点に立ち、デザインレ
ビューで使用すべき評価項目の優先度をチェックしていきます。優先度
は、設計部門が案を記載し、関係部門がチェックするなど、多角的な視点
で行うとよいでしょう。
　次に、重要度の素点を設定します（図表6-12）。
　評価項目の優先度とモジュールや部品の新規度のうち、高い方のレベル
を重要度の素点とします。例えば、評価項目の欄を見ると、「光源の輝
度」、「ランプの輝度安定性」、「光源温度の測定精度」、「送風量」という具
合に評価項目が左から右へ並んでいます。それぞれの評価項目の下に「優
先度」という欄があり、そこを見ると「光源の輝度」は「3」、「ランプの
輝度安定性」は「5」、「光源温度の測定精度」は「5」、「送風量」は「3」
といった具合に優先度が記入されています。
　一方、左側にあるモジュールや部品の欄を見ると、「新規度」という項
目があります。例えば、「ランプ」なら新規度は「5」、「ソケット」は2、「電
源」は「2」、「インバーター」は「4」という具合に記入されています。
　この2つを見比べて、高い方を採用するわけです。
　例えば、「光源の輝度」と「ランプ」を見比べた場合、前者の優先度は
「3」、後者の新規度は「5」ですから、大きい方の「5」を採用します。す

なわち、「光源の輝度」の列と「ランプ」の行の交点に当たるマスに「5」と記入します。

同様に、「光源の輝度」の優先度は「3」、「電源」の新規度は「2」ですから、その交点には「3」と記入します。「ランプの輝度安定性」と「電源」の交点には「5」と記入します。図表6-11で「○」を記入していったマスを、このように数字に置き換えていくわけです。これが重要度（素点）になります。

要するに、評価項目の優先度とモジュールや部品の新規度は、本来、どちらも重要なわけです。しかし開発に使える時間とリソースが限られる中で、評価項目を絞り込んでいかなければなりません。そこで、高い方の点数を採用して素点とし、全体の評価を容易にしていくというイメージになります。

これらの素点の合計値を評価項目ごとに集計し、表の右側にある「重要度（合計）」と書かれた列に記入します（図表6-12）。この合計値を重要度と見て、デザインレビューの対象となるモジュールや部品を選定します。図表6-12では、ランプ、インバーター、偏光ガラスをデザインレビューの対象として選定しました。

絞り込みを行ううえで、もう1つ評価する必要があります。素点の合計値だけでなく、平均値も計算します。これを、先ほどの「重要度（合計）」の2つ右にある「重要度（平均）」の欄に記入します（図表6-12）。

平均値も勘案しなければならない理由があります。

合計値だけを見ると、例えば重要度「1」が5個あるモジュールや部品も、「5」が1個だけあるモジュールや部品も、同じ「5」となってしまいます。合計値だけで判断しては、評価が大雑把になります。そこに平均値も評価に加えることで、量と質の両方を勘案できるようになるわけです。

最終判断は、合計値と平均値の2つを見て行います。重要度の合計値でチェック対象外と判定された場合でも、平均値が高い場合はチェック対象

に入れます。

　ここまでの手法は、開発現場での試行錯誤のうえに確立されました。最初は重要度の合計だけを見て評価対象を絞り込み、モデルによるシミュレーションを実施していました。しかしその結果、開発を進めていくと見落としがあるケースがしばしば見られたわけです。

　該当する評価項目が少なくても、非常に影響の大きいモジュールや部品が実際に存在します。それを見落とすことはできないという理由から、重要度の平均値も評価に入れるようにしました。現在では、合計と平均の両方を見て検討する形にしています。

　以上の検討は、構想／基本設計の段階で行います。

　製品全体が組み上がってからの評価であれば、シミュレーションを丸ごと行ってしまえばすべてを評価できます。しかし、構想／基本設計の段階では、しっかりとチェックして厳密に作り込んでおかなければならない部分と、ほとんど見なくてよい部分があります。限られた開発期間の中で製品の機能や品質を最大化するためには、詳細設計で考えればよいものは後回しにして、重要な部分だけに絞り込んで作業するのが効率的なわけです。

　その絞り込みをしっかりと実現するために、以上で説明してきたようなシステマティックな検討を行います。

第 **7** 章

ソフトウエア時代の
製品開発DX

本章では今後の展望として、ソフトウエアへの付加価値の移動について捉えていきます。まずは、携帯電話で起こった歴史的な事実、現在自動車産業で起こりつつある変化を解説し、その後に起こりうるデータ社会に出現する新たなパラダイムについても考察します。

1 ▶ 携帯電話、自動車におけるソフトウエアへの 付加価値の移転

　序章、第1章で述べたように、一部業界・商品ではソフトウエアへの付加価値の移動が起きている状況を踏まえる必要があります。これはハードウエアの付加価値が下がったというより、ソフトウエアの発展により新たな付加価値が創造され、付加価値において相対的にソフトウエアの占める割合が高まっているということです。

　結果、その付加価値を支えるため大規模なソフトウエアの開発が求められているのです。

　これらの事象は、次の2点に大きく分類されます。

- ソフトウエアレイヤーへの付加価値移転と付加価値の提供主体となることをもくろむビジネスレイヤーでの動向
- 大規模ソフトウエア開発への対応

　まず、ソフトウエアレイヤーへの付加価値移転について論じます。

　付加価値の移行とそれに伴うビジネスレイヤーの変化を語るうえで、90年代後半〜2010年ごろに携帯電話の世界で起こったゲームチェンジが先進的かつ代表的な例と言えるでしょう（図表7-1）。

　かつての携帯電話は通話機能＋通信モデム（データを通信網に乗せるための変換）機能が中心となっており、その付加価値は筐体＋通信信号処理機能≒ハードウエアに存在していました。

　その後、NTTドコモによる「iモード」採用により、電話機＋通信モデムであった携帯電話の情報端末化が成功。ユーザーに強く支持され、情報端末であることを支えるソフトウエア階層の付加価値が高まっていきました。しかし、依然として"携帯電話"のハードウエアを開発し、商品として販売するビジネス形態は、ハード開発に従属する形となるソフトウエア、特にOS・ミドルウエアの開発ボリュームの爆発的な増大を招いてし

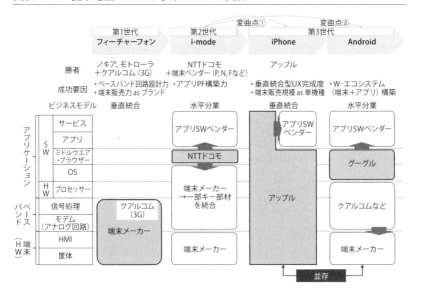

まったのです。一部では半導体レベルでのプラットフォーム（PF）の統合なども行われましたが、ソフトウエア開発ボリュームの急激な増大には焼け石に水でした。

　情報端末であることを支持するユーザーから、フルブラウザーを搭載して、PC同様のネットアクセス性を求めるニーズが存在することは明らかになっていましたが、それに対応するだけの工数を捻出できない状況が続いていました。

　こうした中、アップルは統一ハード＋ソフトで一元的な価値提供を行う垂直統合モデルとなるiPhoneを発表します。全画面液晶＋フルブラウザーによる情報端末としての高い完成度に加え、さらにサービス階層のアプリケーション提供プラットフォームを前提としたOSにより、垂直統合型UXの高い完成度を武器に高い評価を獲得しました（図表7-1の変曲点①）。

　また他方では、この時点での携帯電話産業における非主流プレーヤーたちはグーグルのAndroid陣営に参画、Android OSを主軸にした水平統合モ

デルを志向。「ハードに従属するソフト」という従来の思想から、ソフトウエアシステムを主軸としたビジネスへの思想転換により、ゲームチェンジを果たしたのです（図表7-1の変曲点②）。

　こうしてハード主体の価値提供（電話機能＋通信モデム機能）から、ソフトを含めた価値提供（通信機能をもったPC以上の情報端末）への変換により、旧来の主要プレーヤーであったノキア、モトローラなどはそのポジションを大きく下げ、アップルや、グーグル＋サムスン、ソニー・エリクソン（社名は当時）などが主要プレーヤーとして台頭することとなったのです。

自動車産業で起きている付加価値をめぐる戦略

　擦り合わせ型開発や実機評価による作り込みにおけるハードウエアの価値提供が強く求められる自動車産業においても、同様の変化を感じさせる動きが見られています。

　特に、コネクテッドカーの文脈で語られることの多い、自動車のコックピットのデジタル化が進む車載情報システムなどは、携帯電話の変化例と類似的に定義できるでしょう。

　加えて、自動運転技術も、センサーの使いこなしによるソフトウエア付加価値が高いことを踏まえれば、同様の変化を起こすカギとなると考えられます。また、電動化も、ハイブリッド車両などであれば特性の大きく異なる内燃機関と電動モーターの使い込み技術の観点で擦り合わせ開発が極めて有効でしたが、純バッテリーEV（BEV）となれば、様相が変わると考えられます。モーター駆動トルクがシミュレーションどおりの特性を示すことは多くのエンジニアが首肯するところで、バッテリーEVの駆動制御はソフトウエアの世界での検討と親和性が高くなるでしょう。

　テスラは、こうした特性を見極めてか、垂直統合モデルによる付加価値提供を志向しています。特に、制御電子プラットフォーム・E／E（電機／電子）アーキテクチャーについては内製化による徹底的なECU（Electric

Control Unit）統合と、パワートレーン・シャシー制御／車体制御／自動運転／コネクテッド・HMI（ヒューマン・マシン・インターフェース）領域すべてにおいて内製ソフト開発を推進。OTA（Over The Air）によるソフトウエアアップデートによる機能追加を多く行っています。

　これはハードウエア従属ソフトウエア、ある車両を動かすためのソフトウエアではなく、価値を提供する手段としてハードと同様あるいはそれ以上にソフトウエアを捉えていることを意味しています。言い換えれば自動車におけるアップルのiPhoneのようなポジションを明確に志向しています。

　近年、こうした動きは理解され、ソフトウエア・デファインド・ビークル（SDV）、ソフトファースト開発などと言い表されていますが、こうした動きを2010年代後半という早期にとった点は、テスラがソフトウエアへの付加価値移転を的確に捉えていたことを示していると言えるでしょう。

　もちろん、こうしたソフトへの付加価値移転により自動車のハードウエアによる価値提供が不要になるということではありません。様々な電子機器に比べ、圧倒的に多様な環境で、過酷な使用をされる自動車においてはハードウエアの信頼性は変わらず重要で難易度も高いものです。しかし、「ソフト屋に車は作れない」と甘く見て、やがて品質を向上させたバッテリーEVメーカーにゲームチェンジを仕掛けられる可能性を過少評価することは危険です。

　旧来の主要プレーヤー側からもゲームチェンジに向けた動きがみられます。VWは「vw.OS」構想にて、ミドルウエアを統一し、アプリ階層とハードシステム階層をそれに従った構成へ変化させることを志向しています。当初はHMIなどの運転席回りのインタフェース関連からでしたが、自動運転領域への拡大を実施中。また、旧来の車両制御についても展開する意向を示しており、さらには他メーカーへライセンス提供することも視野に入れています。

　自動運転やコネクテッドなどのシステムに付加価値が移行することによ

図表 7-2　自動車産業におけるハード・ソフト融合への価値提供のシフト

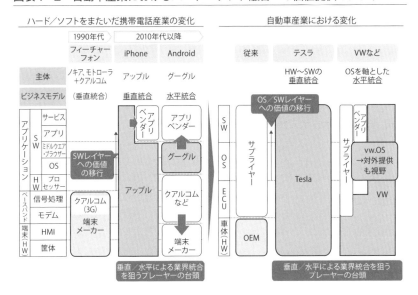

り、パワートレーン／ボディ／シャシーで構成される自動車がコモディティ化した単なる箱になることを警戒した自動車メーカーによる、水平統合アプローチと言えます（図表7-2）。

　自動車産業において、携帯電話の世界で起きたようなゲームチェンジが必ず発生するとは言い切れません。高速で動く巨大な質量であり、10年以上にわたって過酷な環境下で酷使される自動車において、ハードウエアの信頼性は依然重要であるし、そうした信頼性を担保するために磨き抜かれてきた従来の開発のやり方はとても重要で強固なものです。実際、テスラはハード品質で苦戦を強いられ、VWもBEVのIDシリーズでOS構想導入やソフト開発プロセスの変革に取り組んだものの、不具合対応もあって発売の延期を余儀なくされました。

　しかし、拡大するユーザーニーズは、大規模なソフトウエアによって充足されることは間違いないのです。

　大規模なソフトウエア開発をどう実現するのか。ここを誤ると、ニーズ

変化に伴う付加価値提供において足を掬われるリスクがあることは十分に
理解する必要があります。

大規模ソフトウエアへの対応

　では、そのような大規模ソフトウエア開発にはどのようなアプローチが
求められるのでしょうか。

　「ソフトウエアで付加価値を発揮」というとシンプルですが、そのため
には極めて巨大なソフトウエアが必要となります。そして、巨大なソフト
ウエアは当然ながら一人では作れず、チームで作る必要があります。そし
て、チームで製作するとなったとたんに、「どのような機能を作るのか」
「何を実現するのか」「各モジュールはどう振る舞うべきか」といった構想
をどうやって共有すべきか、というところに大変な労力がかかります。言
語は何であっても、コードを書いたことがある方ならば想像がつくかと思
います。

　共同製作のためのコミュニケーションコストを払うより、一人でやって
しまった方が早い、という判断もあるかもしれません。

　しかしながら、ソフトウエアの大規模化は個人の頑張りでカバーしよう
とするサイズを超えています。自動車はソフトウエア付加価値の増大が本
格化する前の2015年時点でソースコードが150MBを超えたと言われてお
り、さらに昨今の運転支援技術や、高度なHMIコックピットの発展などの
状況を踏まえれば、依然として二次曲線的な増加を遂げ、その勢いは衰え
ないでしょう。

　こうした言い方をすると「自動車の世界限定の話か」と感じるかもしれ
ませんが、あらゆる製品において、影響は出ていると言えます。例えば、
アナログ技術の塊であったアンプ＆スピーカー。現在のBluetoothスピー
カーなどを見れば、増幅して音を出すという機能も、ソフトウエア技術の
占める割合が大きくなっています。ハード特性も踏まえて、より良く聞こ
えるようにするための各種イコライジングエフェクトや、加えて、ライト

明滅での演出など、感性的な付加価値が追加されている商品も存在します。

　いずれにせよ、製造業の最終製品に大規模なソフトウエアが求められるという流れは規定のもので、そのためにはチームでの開発が必要になります。

　ここで、チームでのソフトウエア開発の方法論として挙げられるのが第2章、第5章でも触れてきたウォーターフォール開発とアジャイル開発です。

　大規模なITシステムは、トップダウンのウォーターフォール開発によって構築されていました。ウォーターフォール開発の特徴を簡単に言うと、事前に達成すべきシステム全体の要求を分解し、要件定義⇒各機能ノード分解⇒各モジュールの仕様決定⇒コーディングの順序で、段階的に分解し具体化していくことです。多くはハードウエアに従属する形で位置づけられていた製造業プロダクトのソフトウエアも、Vプロセス・ウォーターフォール開発手法の中に組み込まれていたと言えます。

　対して、アジャイル開発は、ショートサイクルの現場主導型、積み上げ型のソフトウエア開発プロセスです。反復的なアプローチを自立的なチーム体制で推進することにより、短いフィードバックループを回せることが特徴です。

　機能ごとの少人数チームが疎結合によって数多くつながるマイクロサービス型組織が基本となり、大規模なソフトウエアを独立した小さなモジュールに分割、短いサイクルで個別に進化させ続ける形となります。ウォーターフォールでのソフトウエアを、設計図からスタートする巨大ビルに例えれば、アジャイルでのソフトウエアは各所で自律的に判断し成長するアメーバに例えられるでしょう。

　ウォーターフォール開発では、誰かが「最初にどんなものができ上がるかを完全に定義すること」が必ず求められ、初期設計者のポテンシャルを超えた規模のソフトウエアの開発は困難です。フィードバックループの長さも踏まえれば、時代変化に伴った要求も開発終盤で新たに出てきます。繰り返しになりますが、最初から開発終盤での混乱を運命づけられています。

アジャイル開発によって、各チームが自律的・機動的に対応することによって、結果的に圧倒的に大規模で、当初は想定できていなかったニーズなどの変化に柔軟にソフトウエアの構築が可能となります。言い換えれば、「アジャイル開発」は単なる開発プロセスではなく、ビジネスとしての商品・サービスの提供の仕方、作り方、人材採用まで含めた大きな戦略と言えます。

　さらに、製品の生命線と言える信頼性の考え方を変えていく必要がある点もとても高いハードルです。変化するニーズへの対応力をポイントとするのであれば、リリースで終わりではなく、継続的なアップデートをどこまでかけるか、そのときの信頼性を担保するために、ハードを含めシステムはどうあるべきか、という考えが必要になります。不具合に対応するノウハウを蓄積し、評価で不具合をつぶしこむだけでなく、そもそも不具合を起こしにくいシステムを意識する必要が出てきます。
　また、ハードウエアとソフトウエア／各システムなど、進化の時間軸が異なるものを合わせて、企業／ブランドとして価値提供を戦略的に行っていくことが必要となります。従来の製品投入計画に加えて、価値提供ロードマップなどを構築し、いつどのような価値を、どの製品に乗せて（あるいはアップデートして）提供するのかを検討する戦略が重要になるでしょう。
　商品のデジタル化に伴い、求められる大規模なソフトウエアがどのような開発体制で行われるべきか、という観点で整理しましたが、大規模なソフトウエアを搭載した製品を提供するということは、それだけ社内体制の大きな変革を要請するものです。
　これらによって、従来のウォーターフォール開発が完全に否定されるものではありません。実際には、デジタル活用により従来のハードウエア・ウォーターフォール開発をレベルアップさせ、大規模ソフトウエア対応への変革ともマッチングを果たした体制とプロセスが生き残りのカギとなってくるでしょう。

2 ▶ 製品開発DXの先に登場する新たなパラダイム

　ここまで、ソフトウエアへの付加価値の変化やその対応を論じてきましたが、少し未来に目を向けて、さらなる将来はどのような開発が求められるかもう少し俯瞰的に見ていきます。

　具体的には、製品開発DXの先に、現地現物を超えた新たなパラダイムが登場する可能性についてです。

　まず、いつの時代においても、こうした技術がもたらす新たな時代への対応が困難である理由は、いくらでも提示が可能です。例えば、データドリブンな世界の実現においては、各データオーナーのデータ開放への抵抗・セキュリティといった課題が、「できない理由」として挙げられがちです。

　しかしながら、新しい時代は、「当然と思われているが実は崩れうる障壁」が崩壊する瞬間に、訪れるものです。一例を挙げると、携帯電話は「通信技術の中身が分からなければ製造できない」というパラダイムが当然と思われていた時代がありました。

　今となっては昔話ですが、「モデム技術の巧拙が、携帯電話端末事業の競争力の源泉」だった時代が20年前までは現実に存在していました。しかしながら、ある瞬間から、インフィニオンやクアルコムのような半導体メーカーが、通信技術の中身に強みがなくても、通信端末を実現できるようになりました。これにより、ノキアや日本の電機メーカーの競争力は無力化し、ソフトウエアとサービスに強みを持つアップルとグーグルが支配する現在の世界が到来しました。

　将来を見渡す上で大事なのは、ここから何を学ぶか、です。技術がもたらすパラダイムシフトを考える上で最も重要なことは、「当然と思われている前提が崩れうる瞬間」に着目することです。多くの場合、こうした変

化は、市場の変化を知らせるカナリアのようなものなのです。

　産業エコシステムの観点に対してこうした変化を知らせる予兆になり得るソフトウエア技術の一例として、Federated Learning（連邦学習）について論じます。これは、技術的にはAIの一手法として使われるディープ・ラーニング（機械学習）の進化版でありながら、データを取り巻く産業エコシステム的観点から捉えたときには、大きな変化の予兆となり得ます。
　これまで紹介したとおり、R&Dを取り巻く様々な活動が、すでに段階的にデジタル化しつつあります。よって、各企業内における活動は、時間の経過とともに、徐々にデジタル化が進展していくことは間違いありません。
　その一方で、世界の経済活動において複数の企業が協調・競争しながら進化するというパラダイムを前提に置くと、各企業は一定の利害関係を持つため、各企業の持つデータを開示しないでしょう。この制約がDXの制約になるだろうという意見があります。近年のITの進化を支えてきたディープ・ラーニングといった技術は、大量のデータを必要とします。多くの場合、個社のみが持つデータでは学習に十分なデータを得られない一方、各社の持つデータは、利害関係・セキュリティ上のリスクから共有されないため、これがDXのハードルになっている側面は確かにあると言えるでしょう。

Federated Learning（連邦学習）で制約を超える

　その制約を超える技術が出てきたとしたらどうでしょうか。この制約を超え得る技術の1つが、Federated Learningです。Federated Learning自体は、2017年にグーグルが公開した記事によって広まったコンセプトです（図表7-3）。
　簡単に説明すれば、複数の場所に別々のデータを保有し、各所で独立に学習した後、複数の機関の間で学習結果のみを共有し、それを他の場所で

図表 7-3　Federated Learning（連邦学習）の概念

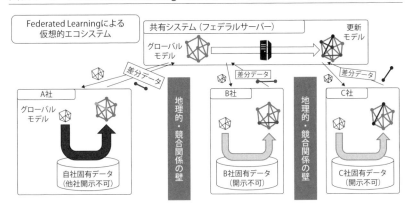

学習された結果と比較することで、生データそのものを開示しないまま、大きなデータをベースにした学習を実現する技術です。

　例えば、保険や製薬などの他企業に開放するには課題があるが、データを直接共有せずに間接的にデータを企業間で共有することで、より有効な解析ができるような場面において、産業横断的に利用することなどが検討され始めています。

　ここで思考の枠を広げて考えてみましょう。これが、製造業に適用された場合に、革命的な変化が起きる可能性はないでしょうか。

　製造業では「現地現物」がすべてに優先します。この理由を突き詰めて考えれば、現地現物が最大のデータを持っているからです。故に、現地現物なくしては大きなハンディキャップを背負うため、製造業に関わる人間は、概ね例外なく現地現物を貴びます。バーチャルの世界がリアルの「現地現物」を代替するにはあまりに不十分なデータしか取得できない制約があるからです。

　しかしながら、新型コロナウイルス感染症（COVID-19）に端を発する社会変化、人の移動コストを高く見る変化が表れています。

　コロナ以前は、年に数十回海外出張に出かけ、現地現物を確かめながら

議論を深めるような行動が1つの美徳とされていました。移動の自由を取り戻した今も、その移動は本当に必要か、特にビジネスにおいては費用対効果を厳しく見る向きが生まれています。

　また、若年層の仕事選びにも変化が生まれました。特に学生たちは、不要な移動を要求する企業、リモート勤務を認めない企業には行きたがらない傾向が出ています。より踏み込んで言えば、バーチャリゼーションに対応できない企業は、就職先選びにおいて、忌避されるリスクがあります。

　このような世界では、地理的移動を伴わず、かつプレーヤー間のデータ保有権を移転せずに、互いの学習結果を共有し、仮想的に大きな開発ができるFederated Learningのような技術にブレークスルーの予感を感じずにはいられません。

　自動車産業を例に取れば、複数のサプライヤーが各社の仮想空間を中心とした開発環境で製品・部品の開発を進めつつ、各社がデータを保持したまま学習結果のみを自動車OEMを中心とするプレーヤーの傘下で共有することで、仮想的に関係各社の全データを用いて学習するのと同じ効果を得られる世界が生まれるということです。

　筆者は現地現物が大好きです。やはり機械は目で見て触ることができる実物がそこにあれば、あとは計測手段さえ確保すれば理解できるという安心感があります。ですが、こうした価値観さえも、DXは過去のものとするかもしれないのです。

　繰り返しになりますが、現地現物がなぜ必要で素晴らしいのかの本質に立ち返ると、それは現地現物が最大のデータを提供してくれるからです。ならば、より正確で大量のデータを提供してくれる手段があれば、それは現地現物を超える可能性があります。こうした既存の暗黙的了解を突き崩しかねないのもまたDXなのです。

製品開発DXは「価値創出の仕組みの変革」

　昔の話になりますが、「3D-CADでとにかく絵が描けてしまうから、今ど

図表7-4 暗黙的了解にとらわれず、本当の問題を探る

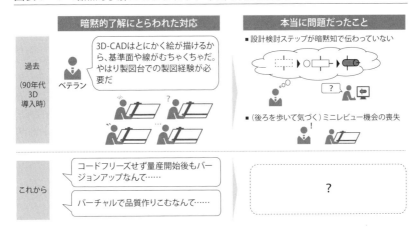

きの設計者は基準面・線を理解しないまま図面を起こしている！」という
指摘があり、設計者へ2Dの手動の製図台を使った製図研修を始めた企業
がありました。一定の成果は上げたものの、実務設計ではすべて3D-CAD
を用いる若手設計者が手動の製図台での製図に身が入るはずもなく、一時
的な活動で終わりました（図表7-4）。

　この問題の本質は、「設計詳細化への構想検討ステップが属人的な暗黙
知で若手に共有されていないこと」と、「何となくベテラン設計者が若手
設計者の後ろを歩くことで図面の問題に気づくミニレビュー機会の喪失」
でした。デジタル化による手段の進化がもたらした負の側面ではあります
が、本質を理解すれば対応策は考えられます。それはおそらく、手動の製
図台を再度購入することではなかったはずです。

　製品開発DXは単なる効率化ではなく、DXが世の中に与える影響を踏ま
えた、価値創出の仕組みの変革です。DXが与える影響の中には、我々の
暗黙的了解を突き崩してくるものもあるでしょう。ですが、上記のように
本質を理解することで、デジタルの恩恵と守るべき価値観を両立させた組
織変革が可能となると言えるでしょう。

【著者紹介】

古田 直也（ふるた なおや）
パートナー

日本における Operation Strategy and Transformation プラクティスのリーダー。人事系ベンチャー、複数のコンサルティングファームを経て現職。社会変革課題に着目し、商社・物流・建設インフラ・建材業界、3D プリンター、地域優良企業などの幅広い領域で全社・事業戦略立案、経営管理、コーポレート改革、PMI などに取り組む。株式会社 3D プリンター総研とのアライアンス責任者、物流イニシアティブのリーダー、建設インフラ・建材イニシアティブのリーダー。主な著書に『ゼネコン 5.0』（共著、東洋経済新報社、2022 年）。

濱田 研一（はまだ けんいち）
プリンシパル

大手自動車メーカーにて燃料電池自動車の研究開発に従事した後、日系コンサルティングファームを経て現職。自動車・製造業における先端技術・研究開発分野の戦略構築や組織改革に取り組み、R&D 部門の開発プロセス改革も多数経験。近年は、CASE 関連の SDV（Software Defined Vehicle）に関わる技術戦略や開発体制・組織改革に加え、自動車・建設機械・農業機械のカーボンニュートラル化対応に向け官公庁・民間企業問わず戦略支援を主導。主な著書に『開発力白書 2012』（共著、出版文化社、2012 年）、『モビリティーサプライヤー進化論』（共著、日経 BP、2019 年）、『カーボンニュートラル燃料のすべて』（共著、日経 BP、2023 年）。

宇野 暁紀（うの あきのり）
プリンシパル

日本における Operation Strategy and Transformation プラクティスのコアメンバー。複数のコンサルティングファームを経て現職。商社、素材、建設、エネルギーなどの社会インフラ関連業界を中心に担当。新規事業戦略策定、M&A 戦略策定の他、全社戦略から組織トランスフォーメーションまで一気通貫での支援を得意とする。主な著書に『技術を強みとした新規事業開発の教科書』（共著、デザインエッグ、2018 年）。

新井本 昌宏（にいもと まさひろ）

マネジャー

メーカーにて生産技術、研究開発に従事。その後、コンサルティングファーム3社を経て現職。製造業や建設業における、中期経営計画策定、技術戦略策定、新規事業開発、業務改革などのコンサルティングを数多く経験。経営から現場までの一貫性と、事業と技術の整合性を重視し、短期的な成果の獲得と、中長期的に成果を獲得し続ける組織能力向上を同時に支援。主な著書に『技術を強みとした新規事業開発の教科書』（共著、デザインエッグ、2018年）、『製造業R&Dマネジメントの鉄則』（共著、日刊工業新聞社、2015年）。

金成 美穂（かねなり みほ）

アナリスト

日本におけるOperation Strategy and Transformationプラクティスのメンバー。不動産デベロッパーにおける都市開発業務を経て現職。製造業、エネルギー事業などにおける事業戦略立案、業務・オペレーション改革の他、それらに基づく実行支援などを多数経験。

アーサー・ディ・リトル・ジャパンについて

アーサー・ディ・リトル（ADL）は1886年、マサチューセッツ工科大学のアーサー・デホン・リトル博士によって設立された世界初の経営コンサルティングファームです。ADLジャパンは、その日本法人として、1978年の設立以来、一貫して"企業における価値創造のあり方"を考え続けてきました。複雑でめまぐるしい変化にさらされる時代において、企業には、パフォーマンスとイノベーション、競争と共創、人財への投資と技術への投資といった一見すると相反するパラダイムの両立が求められており、そこには画一的な解は存在しません。ADLジャパンは、クライアントとのside-by-sideの関わり方を徹底し、クライアントの置かれた環境、能力・資源、組織風土を踏まえた固有の「解」を生み出すことを信条としています。様々な専門性を持つコンサルタントが協働し、強みを掛け合わせ、既存の枠組みにとらわれない新たな価値を提案し続けることで、未来の産業・社会に大きな"Difference"をもたらしていきます。

製品開発DX

「製造業」の経営をリ・デザインする

2024 年 1 月 23 日発行

著　　者——アーサー・ディ・リトル・ジャパン
　　　　　　古田直也／濱田研一／宇野暁紀／新井本昌宏／金成美穂
発行者——田北浩章
発行所——東洋経済新報社
　　　　　〒 103-8345　東京都中央区日本橋本石町 1-2-1
　　　　　電話 = 東洋経済コールセンター　03(6386)1040
　　　　　https://toyokeizai.net/
カバーデザイン…………竹内雄二
本文デザイン・DTP……アイランドコレクション
印　刷…………………図書印刷
編集担当………………藤安美奈子